PREMIÈRES PRESSIONS À FROID

Cyrille Putman

PREMIÈRES PRESSIONS À FROID

ROBERT LAFFONT

ISBN 2-221-09990-7

À France
À Alexandre, Clémence, Valentine, Viktor

1

Livraison à domicile

De retour à la maison, j'ai balancé mon cartable sur le buffet de l'entrée. C'était la bonne heure, j'allais trouver mon père encore embrumé par son déjeuner bien arrosé, émergeant de sa sieste quotidienne, aucun risque de déclencher la foudre, le moindre cri le faisait fuir, il n'élevait jamais la voix. J'ai poussé la porte de son bureau, qui ressemblait à un salon, quatre fauteuils en cuir bleu marine autour d'une table basse en verre, recouverte de plusieurs piles de catalogues et de revues d'art. Il était assis à sa place habituelle, lisant, à travers ses lunettes demi-lunes, la dernière édition du *Monde*, pour prendre des nouvelles de la Terre.

— Salut P'a.

— Bonjour, mon garçon.

J'ai lancé, dans ce que je croyais être un accès de sincérité :

— Moi, l'école, ça me fait chier.

Il n'a même pas levé les yeux, sans doute conforté dans l'idée que je n'étais qu'un bon à rien, il ne se gênait pas pour me le rappeler de temps à autre.

— Il n'y a aucun problème : il faut arrêter.

J'étais totalement bluffé, je ne m'y attendais même pas. J'ai enchaîné :

— Aucun problème. J'arrête net.

Il a tourné la page de son journal. Je suis ressorti, encore tout surpris de ce qui venait de se passer. À la réflexion, sa réaction n'avait rien d'étonnant : il avait toujours été antiautorité, antiécole, privée ou publique, anticlérical, antifamille. Enfin, pas toujours, ça lui était venu en cours de route. D'origine belge, il avait poursuivi des études supérieures à Louvain et obtenu un doctorat de droit. Il se destinait à une carrière d'avocat d'affaires. Installé à Paris, ayant coupé les ponts avec sa famille au hasard d'une rencontre, celle de sa vie, avec Samuel Beckett et Bram Van Velde, qui venait de se faire virer de chez Maeght parce qu'il ne vendait rien, pas une toile, il a brusquement changé de voie et de vie. Reniant son passé en bloc, il s'est tourné vers l'édition d'œuvres graphiques, gravures et lithographies. Ma mère, qui venait d'une famille bourgeoise lyonnaise et avait pas mal de relations, a contribué au succès de l'aventure, faisant acheter des œuvres par ses amis qui, eux-mêmes, et cætera. Tout allait encore bien entre eux, à l'époque.

Arrêter l'école, comme ça... Andrée a crié à la catastrophe, elle qui rêvait pour ses deux enfants de grandes écoles et d'universités américaines. On se marrait, mon père et moi, quand elle se mettait à délirer tout haut, à bâtir des châteaux en Espagne. Dans cette affaire, sans me rendre bien compte des conséquences qui allaient s'ensuivre, je m'étais ligué avec mon père, contre elle.

J'ai donc arrêté net, au beau milieu de ma troisième. Qui fut aussi ma dernière. Du jour au lendemain, je n'ai plus remis les pieds au collège. J'avais quatorze ans, je naviguais sur une route chaotique depuis quelques années déjà.

J'avais poussé à l'ombre des marronniers de l'école communale, située juste en face de la maison. Mon père aurait pu m'espionner de ses fenêtres, pendant les récréations, si ça l'avait intéressé de près ou de loin. Des années tranquilles. Malgré quelques coups de règle sur les doigts, je tenais mes cahiers au cordeau, pas une rature, les égayant d'encres de couleurs différentes, donnant du relief aux titres et aux sous-titres. Élève dissipé, vif intérêt à l'oral, doit mieux faire, disaient mes bulletins. Élément turbulent mais pas ingérable, situé dans la deuxième moitié de la classe, un peu au-dessous de la moyenne, mais quand même là, préciserais-je.

En sixième, je m'étais retrouvé au lycée Montaigne. J'y allais à pied, traversant le Luxembourg quel que soit le temps, mon cartable surchargé sur le dos. À la récréation, des centaines d'élèves, garçons et filles, se répandaient, se défoulaient dans la cour, dans un vacarme énorme qui rebondissait entre les murs, décrivant des allers et retours assourdissants. Des petits capos qui se prenaient pour des grands essayaient de pourrir la vie des plus jeunes et des plus faibles. Entre les méchants jeux de mots sur les noms de famille, les railleries, les remarques humiliantes sur les particularités physiques ou les tenues vestimentaires, tout ce qui dépassait était à proscrire. Les gros et les roux en prenaient plein la tronche, les insultes réveillaient de vieux réflexes d'amour-propre, mettaient le feu aux poudres, les bagarres éclataient jusqu'à ce que la sonnerie remette un peu d'ordre, à retardement, alors qu'à l'école communale elle figeait les élèves sur place. Des grandes gueules qui, prises individuellement, ne mouftaient pas, mais à quatre ou cinq se déchaînaient, trouvaient très drôle de terroriser toute la cour des petits, de leur chiper leurs derniers gadgets ou carrément de les racketter sous la menace d'un cran d'arrêt. L'ensemble me rappelait un jeu qu'on m'avait offert pour mon huitième anniversaire. C'était une sorte de boîtier en plexiglas rempli de sable. Des fourmis vivantes lâchées sur le sable creusaient jour après jour des galeries dans tous les sens.

Pour moi, tout avait très mal commencé. Sur la fiche à compléter, en début d'année, j'avais écrit, pour profession du père : banquier ; pour profession de la mère : caissière chez Prisunic. Cette incroyable disparité sociale avait alerté l'assistante sociale du lycée, Mme Vicot, une femme d'un autre siècle. Elle avait jailli dans la classe, en plein cours de maths, avec ses frisettes blondes, sa jupe longue et ses pieds nus dans ses chaussures de marche.

— Cyrille Putman ?

J'avais levé la main et je l'avais suivie le long d'interminables et sombres couloirs jusqu'à son antre austère qui me rappelait un bureau de détective alcoolique dans un film noir américain des années 1940. Elle m'y convoquerait régulièrement, par la suite, pour mes mauvais résultats. Comme j'étais déjà assez déstructuré de nature, j'avais vite été archilargué. Un peu comme un lierre qui aurait résolument tourné le dos à son fil, son tuteur qui courait le long du mur. Devoir choisir les bons livres, les bons cahiers, relevait pour moi de l'impossible. Il m'arrivait souvent de me tromper de salle, ou d'heure. Apprendre mes leçons seul et libre, sans l'ombre d'une autorité pour m'y inciter et m'empêcher d'arrêter à la première question sans réponse devenait une gageure, je ne savais pas comment m'y prendre, par où commencer, comment dompter le monstre. Mes parents ayant décrété que l'anglais s'apprenait en huit jours, sur place, j'avais choisi allemand première langue. C'était raide pour moi, les déclinaisons m'assommaient. J'aimais bien les maths, je savais mes tables sur le bout des doigts, mais à partir des fractions, j'ai décroché. L'idée fixe de Mme Vicot était de m'envoyer dans des colos diverses et variées pendant les vacances scolaires, été comme hiver. M'éloigner de chez moi, ce cloaque dont elle se faisait une idée abracadabrante, genre famille Simpson, lui semblait une solution provisoire, salutaire.

On habitait dans un endroit inouï, une ancienne usine raccordée à un vieil appartement en L, mille mètres carrés au total, au cœur du Quartier latin, dans cet îlot peuplé d'Espagnols situé entre Saint-Michel et

Saint-Germain-des-Prés, rue des Grands-Augustins, très précisément. Picasso s'y était installé, au numéro 7, c'est là qu'il avait peint *Guernica* ; c'est là aussi que Balzac situe l'action de sa nouvelle *Le Chef-d'œuvre inconnu*... Il y a, comme ça, des immeubles un peu magiques.

La maison se composait de pièces de plus de cent mètres carrés, très hautes de plafond, mais ma sœur et moi, nous avions hérité de toutes petites chambres, en mezzanine. Une connerie de l'architecte. En haut d'un petit escalier, une poutre métallique située à un mètre dix du sol, le mot Longwy gravé dessus, barrait le passage. Comme je mesurais déjà un mètre quatre-vingt-dix, je devais me casser en deux pour entrer dans ma chambre, en rampant à quatre pattes. Tout un symbole. Je n'arrêtais pas de me cogner contre cette maudite poutre, soit parce que je me relevais trop vite, soit parce que je l'oubliais, dans l'obscurité. J'ai fini par me plaindre. Elle a été recouverte d'une couche de peinture phosphorescente. Blanche dans la journée, elle illuminait la nuit, comme les aiguilles d'une montre. Une petite porte donnait sur une salle de bains. Je ne pouvais pas entrer dans la douche. Il aurait fallu me plier en quatre, voire en huit. Je n'ai jamais pu m'y laver. Jamais une goutte d'eau n'a coulé, la notice traînait au milieu du bac dans son emballage plastique. Une grande baie vitrée plongeait sur le bureau de mon père, en contrebas. Une autre fenêtre, derrière la poutre métallique, puisait sa lumière de la cage d'escalier intérieure. Impossible d'aérer ma chambre. Olivia tenait à peine debout dans la sienne. Dans cette immense baraque, on avait eu droit aux chutes.

Cette semaine-là, ma mère, pour se changer les idées, avait accompagné oncle Michel qui n'était que mon parrain (tout court, pas de baptême), le ministre de la Culture de l'époque, en voyage officiel en Colombie, me semble-t-il. Une femme de ménage passait chaque jour et vérifiait qu'on respirait toujours. Mon père apparaissait, disparaissait aussi vite, surtout quand il entendait des cris, retournant dans ses quartiers, tel un fantôme ou une couleuvre.

Le vide a vite été comblé. L'appartement a été envahi par une horde de gamins du quartier. Quelques adolescents s'étaient aussi invités à la fête. Tous vivaient là, allant et venant.

La sonnerie de la porte d'entrée a retenti. Je suis allé ouvrir.

— On vient récupérer notre fille.

— Entrez ! Entrez ! On va chercher. Comment estelle ?

Il y avait trente gamins, j'en connaissais à peine huit. On les a passés en revue, un à un. Les parents vérifiaient dans les placards. Sait-on jamais.

— Ben non ! Elle est pas là. Excusez-nous.

— De rien.

Pour les gens du quartier, chez nous, c'était l'adresse de référence, la S.P.A. des enfants perdus, là où il était d'usage de venir sonner avant d'aller au commissariat déclarer la fugue de son enfant.

En pleine nuit, plantant là tout ce petit monde, je

partais faire un tour place Saint-Michel, qui traînait toujours une image, un peu décrépite, d'espace de liberté, de terre de combat, très « Les écharpes violettes contre-attaquent », au milieu des odeurs de patchouli et d'encens. Je revenais sans me presser, quelques nouvelles têtes étaient arrivées, la musique à fond, les uns et les autres finiraient par aller se coucher, par terre, où bon leur semblait. L'appartement regorgeait de tableaux sublimes, des objets ont disparu, pas grand-chose en somme, compte tenu du trafic intense qui y régnait. C'était la gabegie, une espèce de modèle soixante-huitard, hallucinant. Ma mère était très branchée, dans le coup, un brin excentrique, mais en même temps elle avait un vieux fond catho, du moins avait-elle été élevée dans cette idée-là, assez straight. Ça a dû être aussi bizarre, pour nous, d'être élevés dans cette ambiance que, pour elle, de voir comment ses enfants grandissaient. J'ai gardé un très bon souvenir de cette époque-là, je suis resté nostalgique mais c'était étrange, tout de même. La liberté totale.

Il y avait une petite épicerie Familistère, trente mètres plus haut dans la rue. Mon père, qui ne voulait absolument pas avoir à s'occuper de nous, mais ne souhaitait pas non plus qu'on meure de faim, nous avait ouvert deux comptes, un pour Olivia, un pour moi. On était autonomes, on pouvait aller se servir quand on voulait chez l'épicier, piocher dans les rayons, pour la subsistance immédiate, à l'heure du déjeuner comme à celle du goûter. On se nourrissait très mal, de sucré exclusivement. Nos cartables étaient remplis de cakes, de Chamonix orange, de boules de coco qu'on distribuait à la ronde. Des miettes s'entassaient au fond, s'incrustaient entre les pages de mes cahiers ou de mes livres. Parfois, je retrouvais un bout de cake rassis qui se confondait avec le carton bouilli. C'était junk à mort. Déjà le terrain était aménagé pour la grande sortie.

Là où j'ai le plus appris, c'est dans la rue, j'ai été formé à cette école-là. J'y ai tout connu, les rapports de force, la violence, la bêtise. J'y ai tout découvert, le respect de l'autre, l'amitié, la solidarité. Les enfants du quartier s'y retrouvaient après l'école, prolongeant la récré. Des fils de bourgeois qui habitaient les hôtels particuliers de la rue Séguier au fils de l'épicier, en passant par un petit Black, Adama, un pur bloc de débrouillardise, tous jouaient ensemble. On tapait dans le ballon, au beau milieu de la chaussée, la rue n'était pas très passante, nos cartables servaient à délimiter les goals. Les patins à roulettes, à l'époque, avaient encore des roues en fer. Taille unique, réglable, les pieds tenus par deux lanières en cuir rouge. Avec des planches en bois récupérées dans les poubelles et des roulettes piquées à la Samaritaine, on avait construit un kart, on se relayait, un coup l'un poussait, un coup l'autre pilotait. La nuit tombait, on y était encore.

Certains soirs, les passants galopaient à la vue de fantômes qui, sous leurs draps blancs, leur lançaient des hou ! hou ! en agitant les bras frénétiquement. Plus sérieusement, un jour, mon cousin et moi, on avait décidé de braquer un parcmètre. La rue était en travaux. Après un long conciliabule, l'essentiel étant d'éviter de se faire pincer, on avait fini par porter notre choix sur un appareil pas trop en vue, caché derrière la baraque de chantier. On a passé une bonne partie de la nuit à défoncer la tirelire publique au tournevis, mais à l'aube, mauvaise surprise, il n'y avait pas de sous dedans. La baraque de chantier ne payait pas son stationnement, évidemment... Quand les bourgeois se mettent à jouer aux loubards, ils manquent parfois de savoir-faire. N'est pas Mesrine qui veut.

Tout le monde se connaissait, se saluait, dans le quartier. Un vrai village. Les concierges, véritables boîtes noires de l'activité du secteur, transmettaient les nouvelles avec leur accent chantant, les déformant parfois. Les vieilles dames s'indignaient quand elles croisaient un enfant seul pendant les heures de cours : « Tu n'es pas à l'école ? » Les voisins se mobilisaient pour retrouver un chien perdu, récompense à l'appui. Le dimanche matin, tout le monde se retrouvait au marché de Buci, les marchands de primeurs appâtaient les clients de leurs voix tonitruantes, tout finissait autour d'un café ou d'un vin chaud, à la terrasse du Dauphin.

Le quartier avait ses clochards attitrés, vivant leur vocation sans s'en faire. L'un d'eux, Roland, portait un feutre noir sur lequel était fixée une marguerite en plastique à moitié effeuillée. C'était un poète, un survivant des acides des années 1960 à Saint-Germain-des-Prés, qui tentait, vainement, de vendre des enregistrements de ses textes. On s'occupait de lui, on le nourrissait, on piquait pour lui de vieux cachemires de mon père. Et moi, je rêvais de partir à l'aventure, l'été, dans la caravane de l'épicier, de passer deux mois au camping Les Flots bleus, plutôt que d'aller me nicher dans notre maison en pierre sèche de Grimaud, au milieu des pins et des fougères.

Il y avait un fameux resto, rue des Grands-Augustins, Roger la Grenouille. Et pas d'école le jeudi. Alors, tous les jeudis que Dieu faisait, le patron invitait les enfants du quartier à déjeuner, les laissant admirer sa collection de grenouilles, les régalant d'histoires, de frites et de Coca. Un menu de rêve. Chaque soir, il filait les restes du dîner aux clochards qui, assis à l'abri de la porte cochère, les dégustaient dans leurs boîtes de conserve en fer-blanc, à la carte. C'était très bon enfant.

Dès que l'occasion se présentait, je sortais prendre l'air. J'allais traîner dans la caverne de poche de l'antiquaire, Pandora Chiffonnière. Un jour, j'ai découvert dans le fouillis de ses réserves deux lampes en bakélite semblables à celle qui trônait depuis des années sur le bureau d'Andrée. Elle s'éteignait quand on la repliait. Andrée les a achetées, folle de joie. Le boucher de la rue de Buci était un personnage haut en couleur, rougeaud, gouailleur et plein d'humour, il avait fait réaliser son papier d'emballage par Wolinski. Je mettais mon réveil à cinq heures et je fonçais le retrouver à l'ouverture de son magasin, « La bonne viande Buci ». J'avais piqué dans la cave de mon père des flacons de derrière les fagots qu'on sirotait en dévorant des casse-croûte aux rillettes. Les bouchers, tôt le matin, bouffent comme des ogres. Le dimanche, j'allais donner un coup de main chez Israël, le roi des épices de la rue François-Miron, jouant au marchand, pesant les olives, enivré par les senteurs orientales.

Ça m'est resté, ce goût du contact humain, ce besoin d'entendre la ville respirer, j'aime toujours flâner au café-tabac du coin, feuilleter *Le Parisien* sur le zinc, discuter avec les autres clients. Je ne m'arrête pas aux barrières sociales, pas du genre à dire « Excusez-moi, mais qui êtes-vous donc ? ». J'en sais gré à mes parents. Le seul critère dans le choix de leurs relations, de leurs amis, était la dimension humaine. Jamais les origines sociales. Mon père avait rompu avec sa famille de hauts fonctionnaires belges, ma mère n'a jamais connu aucun membre de sa belle-famille, nous non plus. Rejetant toutes les conventions bourgeoises, ils ne supportaient pas qu'on additionne les gens simplement parce qu'ils ont le même diplôme ou le même salaire.

Je me suis fait virer de Montaigne en cinquième, en plein trimestre. Échec global, absences injustifiées, sales notes, indiscipline, déboussolage généralisé. Ça m'a plombé à mort. Ce renvoi avec pertes et fracas a déclenché toute une série de tracasseries administratives. Je me suis retrouvé à compléter des ébauches de formes géométriques à la mairie du sixième arrondissement, sous l'œil noir d'un psychologue-fonctionnaire qui essayait d'analyser la nature de mes psychoses et de mes névroses. J'ai subi des tests d'orientation pour lanternes rouges. Les journées me paraissaient longues, j'attendais la sortie des classes pour retrouver mes copains qui, eux, allaient encore en cours. Il m'arrivait de les envier.

Rue des Grands-Augustins, rien n'allait plus. Ma mère, priée de dégager le plancher, avait bouclé sa valise. Hébergée par un ami, elle faisait face avec courage : elle avait accepté, contrainte et forcée, un boulot alimentaire dans une boîte qui s'occupait d'aménager des centres commerciaux, dont le Forum des Halles était le navire amiral. Ce boulot lui donnait la nausée.

Bram Van Velde s'était installé chez nous. De retour d'un voyage en Italie, mon père avait décidé d'aller lui dire bonjour à Genève, comme souvent. Nous l'avions ramené avec nous à Paris, sa compagne d'alors ayant annoncé tout de go qu'elle ne désirait plus s'en occuper. C'était ça ou l'hospice. Il était déjà âgé et comme pendant près de trente ans il avait été pris en charge à cent pour cent, il ne savait rien faire. Un grand handicapé du quotidien. J'ai été chargé de lui réapprendre à reconnaître les pièces et les billets, ma sœur s'occupait de lui expliquer l'attribution respective des différentes clés de la maison. Il parlait très peu et très mal le français, il s'en foutait, il disait que son langage, c'était la peinture. Et quand il parlait, il ne parlait que de sa peinture.

Dans la tourmente, ma sœur et moi, on a été envoyés respirer sous d'autres cieux. Olivia s'est retrouvée dans une école de bonnes sœurs à Cannes. Pour moi, mon père avait trouvé un plan d'enfer.

Nouvel épisode surréaliste, dans la série voyage éclair au paradis : je vivais désormais à trois cents kilomètres de chez moi, me rendant chaque matin au lycée de la ville à mobylette, logeant au milieu d'ouvriers africains qui avaient laissé leurs femmes et leurs enfants au pays et se mitonnaient leur tambouille le soir dans leurs petites chambres du foyer Sonacotra de la Z.U.P. de Chalon-sur-Saône. C'est là que j'avais échoué, fils de caissière à Prisunic, avais-je écrit sur la fiche de Montaigne, dans une vision prémonitoire. J'y suis resté pendant six mois, sans comprendre vraiment ce qui m'arrivait. J'ai fini par craquer. Je suis rentré à Paris à mobylette, en deux jours.

J'ai atterri dans une école privée, il n'y avait pas d'autre solution, l'école est obligatoire jusqu'à seize ans. C'était une de ces écoles qui coûtent quand même assez cher et qui supportent pas mal. À Neuilly, en plus. Je me tapais le trajet à vélo, Pont-Neuf/Neuilly/Pont-Neuf. Après les ouvriers africains, les fils de milliardaires insolents, fêtards et frimeurs. C'était un cauchemar. J'accumulais les sales notes. Il était déjà trop tard, le mauvais pli se fossilisait. J'ai commencé à être collé et comme je n'allais pas aux colles, j'étais collé pendant tout le mois puis collé jusqu'à la fin du trimestre. C'est à ce moment-là que j'ai décidé d'arrêter, avec la bénédiction de mon père : les félicitations du jury, en quelque sorte !

C'est très marrant, parce que bien des années plus tard, par hasard, j'ai revu ma prof de français de Montaigne. Elle m'a avoué qu'elle avait gardé un souvenir épouvantable de moi. Elle avait cessé d'enseigner. Elle a précisé que j'étais en partie responsable de son recyclage professionnel. Elle était devenue écrivain, spécialiste de la vie en France au XIXe siècle. Elle avait dû se réfugier dans un autre siècle pour échapper aux diables de mon espèce.

J'avais quatorze ans et j'adorais la musique. Deux écoles rivalisaient : l'école Beatles et l'école Rolling Stones. J'ai flashé sur les Stones, leurs excès, leur look. À neuf ans, je les avais entendus au palais des Sports. Je suis allé à des centaines de concerts. Le Zénith de l'époque, c'étaient les anciens abattoirs de la Villette. J'ai encore en tête des images du light show des Pink Floyd au palais des Sports. Des avions glissaient sur des rails, tout près de ma tête, avant de s'écraser sur un écran géant, au milieu des flammes, dans un vacarme métallique. J'ai suivi la tournée de Bob Marley, à Paris, à Bruxelles, à Amsterdam, à Berlin. Je me suis fait les quatre. J'adorais, j'étais fou de concerts. Je fréquentais aussi les petits clubs où le public assistait à l'éclosion d'une ribambelle de groupes, le Gibus notamment, rue du Faubourg-du-Temple. Le portier était surnommé Monsieur Propre, c'était le portrait craché du type sur l'étiquette du flacon. L'actuel propriétaire du Nirvana dirigeait, à l'époque, une boîte qui s'appelait Le Privé, rue de Ponthieu. Un brin mégalo, il avait entamé, sur les chapeaux de roue, le tournage d'un film sur sa vie. Il se faisait filmer aux concerts de Patty Smith, de Bob Marley, à l'inauguration du Palace ou encore au château d'Hérouville, en Normandie, où Higelin enregistrait un album. Et moi, récente recrue de cette bande de « malfaiteurs », je frimais avec eux sous l'œil de la caméra. Le film n'a jamais été terminé, le ronron a repris le dessus.

J'aimais écouter de la musique très très fort. La musique me donne le frisson, le même kif que Gepetto sculptant son bois. C'est physique. Vraiment, j'adore ça. Même maman était très branchée musique. Elle avait obtenu le premier prix de harpe au conservatoire, son seul diplôme, remis par un élève de Gabriel Fauré. Je me souviens, quand on était petits, un été, elle nous avait emmenés, ma sœur et moi, au concert des Pink Floyd à Saint-Tropez. Elle raffolait de la soul music. Elle conduisait son Austin beige, toit chocolat, vitres noires, les Temptations à pleins tubes. On a toujours vécu dans ce trip, musique à fond, on ne risquait pas de s'entendre, chacun dans son coin, toute communication en sourdine.

C'était la fin des années 1970, l'époque du mouvement punk, et le disco arrivait. Je me suis engouffré dans cette philosophie punk, totalement destroy, décadente et négative, entre haine et désespoir. Alors que j'étais déjà moi-même en ballottage très défavorable, je me suis laissé embarquer. Je suis un pur produit punk. Première pression à froid. J'écoutais les groupes punks anglais que je trouvais géniaux, les Sex Pistols et plus encore les Clash, très politisés : antifascistes, antiracistes, antibourges. J'en avais pris plein la tête à leur concert au Bataclan, je m'étais explosé les tympans à celui des Sex Pistols au Chalet du Lac. Parmi les groupes français, j'appréciais Asphalt Jungle, les Stinky Toys, 1984, Carte de Séjour, dans les rangs duquel débuta Rachid Taha...

J'ai été l'un des premiers en France à adopter le look punk, avec Edwige, la Marianne punk, une très belle fille à la gueule insensée, cheveux courts platine, chanteuse, portière à ses heures, au Palace, aux Bains. Elle avait fait, aux côtés d'Andy Warhol, la couverture d'un des numéros du journal *Façade* fondé par Ardisson et sa bande. Depuis mon passage chez Rocky, le patron de Rock Hair, un salon de coiffure de la rue de la Grande-Truanderie, en plein cœur des Halles, j'avais les cheveux bleu et rouge, en brosse. J'épinglais sur mon blouson des badges à l'effigie de mes groupes préférés et j'achetais des T-shirts punks dans une boutique aux murs ornés de néons de Benjamin Baltimore, spécialisée dans les objets de survie, couvertures en papier d'alu, chaussures indéformables, masques à gaz... Sur l'un de ces T-shirts était représentée une tête de bébé écrasée, une empreinte de pneu lui barrait la figure. Un jour, je me suis fait agresser par des rockers qui m'ont arraché mes badges. Les rockers, avec leurs Teddies et leurs bananes, avaient du mal à supporter la nouvelle concurrence des punks. On se battait souvent, à mains nues, à coups de couteau ou de tesson de bouteille. Moins pour se piquer nos « décorations » que par conviction idéologique. La bière était également un accessoire incontournable de la panoplie punk. On ne se contentait pas de picoler comme des trous, on s'en servait comme produit de beauté, pour fixer nos brosses, bien hérisson. Et on se chargeait aussi du recyclage : les tessons de bouteille garnissaient les tapis de verre qui constituaient la piste de danse de nos parties de pogo. Le jeu consistait à sauter comme des zébulons et à se pousser les uns les autres par terre, dans les débris de verre.

Ce qui tombait bien, c'est que c'était archifacile d'être batteur punk. Un très grand batteur de jazz, qui était en même temps peintre et dont mon père éditait les estampes, me donnait des cours de batterie quand il venait à la maison. En dix cours, quinze heures de formation accélérée, je suis devenu batteur. Batteur punk, c'est simplissime, binaire au maximum. Avec une bande de copains, on a monté un groupe dont le nom détonnait : les Rich Bitch, écho du surnom qu'on me donnait à l'école : Puthomme.

Un soir, en l'absence de ma mère, ma grand-mère étant de garde, le groupe au complet s'était installé sur le toit de l'usine. Avec nos deux amplis de cent watts, on faisait un raffut pas possible. Les voisins venaient les uns après les autres sonner à la porte. Ma grand-mère allait les accueillir, avec ses manières à l'ancienne, son vocabulaire suranné (pour elle, un flic était un sergent de ville), un grand sourire aux lèvres.

— Ça vient de chez vous, la musique ?

— Quelle musique ?

Elle était vraiment sourde. Je ne me suis jamais expliqué comment elle s'y prenait pour ne pas nous entendre jouer mais pour percevoir la sonnerie de la porte...

Dans le numéro de *Libération* daté du 16 décembre

1977, la rubrique White Flash était consacrée au mouvement punk. Le titre annonçait : « 15 ans, punk ». Sur la photo, je porte les cheveux en brosse, un blouson en skaï, une cravate et un badge des Sex Pistols. Mélange chic et trash. Alain Pacadis m'avait interviewé. Je lui avais dit que pour moi, être punk, c'était avant tout un état d'esprit, pas seulement une manière de s'habiller. Je n'ignorais pas qu'à Londres, c'était dans les banlieues que se recrutaient les punks, et j'avais tendance à me méfier des minets snobs qui se disaient punks à Paris. Dans mon cas, il y avait peut-être une faute de syntaxe, une part de provocation, mais il s'agissait d'être libre dans sa tête. Pas besoin d'être de banlieue pour être punk, ni d'être ouvrier pour être de gauche. C'est quoi l'esprit punk pour toi ? C'est un esprit très suicidaire. Construire pour détruire. Comment vois-tu ton avenir ? Je ne le vois pas... Je ne sais pas... Me jeter sous le métro.

Quinze ans, punk, désespéré, comme les comiques peuvent l'être, Zouc et les autres. Déjà mon père était cyniquissime. Ses meilleurs amis l'étaient aussi, Samuel Beckett, le peintre Bram Van Velde. Dans les grands classiques de ce trio de désespérés, il y avait l'histoire, maintes fois rabâchée, qui, plus de vingt ans plus tard, les faisait encore éclater de rire : dans les années 1950, à Nice, après un déjeuner plus qu'arrosé, Bram avait cru à un tremblement de terre. C'était Jacques, mon père, qui, au volant de sa voiture, montait et descendait du trottoir.

Du neuf, au 5, rue des Grands-Augustins. Mon père avait cédé un plateau de l'usine, au-dessus de son bureau, à ma mère qui continuait à se débattre courageusement dans ses galères professionnelles. Petite particularité : le loft n'était accessible que par la porte de l'appartement, ce qui occasionnait quelques scènes, parfois drôles, souvent cruelles. L'un rasait les murs, l'autre marchait sur deux doigts de pied, tous deux cherchant à éviter de fatidiques rencontres. En attendant le commencement des travaux dans le loft qui, elle l'espérait, serait le point de départ de sa nouvelle carrière, une sorte d'appartement témoin où elle exposerait ses rééditions de meubles des années 1930, Andrée organisait quelques grandes fêtes. Des tonnes d'invités s'y pressaient, ancêtres des bobos : des mécènes, des artistes, des peintres, David Hockney, Bram Van Velde, de grands créateurs de mode. Également le gig de service, quelques dealers, deux trois affairistes, deux trois embrouilleurs et de très jolies femmes. Un polaroid social bigarré. À l'une de ces fêtes, je suis tombé nez à nez avec deux potes de ma mère, déguisés, des pitres qu'on aimait bien. Ils m'entraînent.

— Tu viens ?

Je les suis jusqu'aux toilettes. Là, je vois l'un d'eux déplier un morceau de papier, répandre un petit tas de poudre blanche sur le rebord du lavabo, le séparer en quatre. L'autre roule un billet de banque, aspire la poudre, le premier sniffe à son tour. Ils se marraient tous les deux.

— Elle est super, ta blanche...

— C'est quoi ?

— De l'héro... Tu veux goûter ?

J'hésite. Pour moi, le mot héroïne évoquait les faits divers des journaux à scandale. Dans ma tête, je revoyais les placards racoleurs des kiosques à journaux, les gros titres à la une de *France-Soir* et autres : « Saisie record d'héroïne », « Marseille, la French connection ».... Mon cousin Stéphane, qui avait trois ans de plus que moi, m'avait emmené voir *French Connection* dans un cinéma du boulevard Saint-Michel. La violence du film m'avait beaucoup moins frappé que la virulence de la réaction de ma mère : elle avait insulté Stéphane, prétendant à grands cris que ce n'était pas un film à aller voir à nos âges. Elle ignorait encore ce qui allait se passer par la suite, au beau milieu du déjantage familial...

— Allez ! C'est super... Vas-y !

J'ai tendu la main et je me suis penché.

Ça a été sublimissime, évidemment. Si c'était infect, ça se saurait, et le problème serait réglé.

Joe, généreux en plus, m'avait glissé un paquet dans la paume de la main, avant de s'éclipser. Trois jours plus tard, il était vide. J'ai commencé à me sentir très mal. Mal au dos, mal aux reins, le moral à zéro. Je venais de découvrir ce que signifiait être accro.

Et tout à coup, je me suis rendu compte que presque tout le monde autour de moi, des gens dans le vent, que j'appréciais, qui avaient des jobs intéressants, des idées originales, leur photo dans le journal, dont on vantait la réussite professionnelle, qui savaient s'amuser, connaissaient plein de monde, tutoyaient la terre entière, la belle vie en somme, en prenait. L'héroïne était à la mode et se répandait comme une traînée de poudre dans le milieu culturo-intello-créateur, en toute impunité. Un produit clean, happy few, assez cher, un brin mondain, l'équivalent de l'opium des années 1930. Un sport de riches. J'ai été pris par la vague. Et j'ai continué sur ma lancée. Ce n'était sans doute pas inévitable, mais étant donné le terrain familial, la zizanie ambiante, ne pas tomber dans le panneau aurait tenu du miracle.

Mon père ne s'est jamais demandé où je cramais les mille balles qu'il me filait chaque jour. Andrée, elle, était trop concentrée sur sa propre survie. Je n'ai pourtant assez vite plus pesé que trente-six kilos tout mouillé, pour un mètre nonante. Je laissais des mots à mon père, sur le buffet de l'entrée : j'ai besoin de m'acheter des fournitures scolaires, des livres... J'étais un fidèle client virtuel de Joseph Gibert, grand consommateur de livres plus fantômes les uns que les autres. J'aurais lu tout ce que j'ai cramé en poudre, je serais devenu académicien, presque. Beaucoup plus tard, mon père dirait : « Ça t'a quand même permis d'échapper à la prison. » Ce qui n'est pas faux. Sa générosité, alliée à mon horreur innée des seringues, m'a évité de me piquer. Quand tu te shootes, tu consommes dix fois moins que quand tu sniffes. C'est moins cher, mais c'est beaucoup plus mauvais pour la santé.

Je n'ai jamais fumé de joints. Je suis passé directement à l'héroïne. Je n'ai pas eu besoin d'aller à Belleville ou à Harlem pour m'en procurer. Des amis de ma mère m'en ont filé, chez moi, en plein cœur du sixième arrondissement, à l'improviste. Le truc est arrivé de l'intérieur.

Il vient te prendre chez toi. Te cueillir chez toi. Livraison à domicile. « Il y a des fleurs pour vous. » Et devient ton destin. J'ai eu pour destin l'héroïne, comme d'autres ont pour destin de se faire écraser par un bus.

2

London Calling

À quinze ans, j'ai eu envie d'aller voir la version originale du film, non doublée en français. Les vrais punks, pas leurs doublures. On est partis en bus avec Pacadis, le punk-critic de *Libé*, et ses célèbres lunettes noires. Direction le petit aéroport du Touquet d'où un zinc miniature d'une trentaine de places volant juste au-dessus des nuages, chahuté par le vent et les turbulences, nous a emmenés de l'autre côté de la Manche. Paca avait l'adresse d'un journaliste du *New Musical Express* qui nous a hébergés.

Première étape du pèlerinage : une séance chez un coiffeur branché, très créatif, comme il en existe seulement à Londres ou à New York. Les passants s'arrêtaient devant la vitrine pour mater, la main en visière, tellement ils étaient hallucinés par le spectacle des coupes in progress. Il m'en a concocté une, en brosse, gaufrée, avec des hauteurs différentes et des couleurs bigarrées, acidulées, qui se mélangeaient, du rose au bleu.

Étape suivante : King's Road, l'équivalent punk du Quartier latin en Mai 68. C'est là que se trouvait Sex, la boutique du couple Vivienne Westwood et Malcolm McLaren, l'endroit où toute l'aventure punk avait commencé, la cuisse de Jupiter. Là où McLaren avait eu l'idée et lancé le concept du *No future*. C'était lui, le roi du pétrole, le grand patron du mouvement, manager éclairé des Sex Pistols, artisan de la grande arnaque du rock'n'roll. Il avait tout de l'Écossais fou, l'œil pétillant, les taches de rousseur et les cheveux roux, red hair, comme on dit en anglais. Vivienne Westwood, petite bonne femme excentrique aux cheveux gris-bleu cendré, créait la mode. Au centre du magasin, dont un pan de mur était recouvert d'une photo de Londres sous les bombardements allemands, un juke-box diffusait des chansons des Stooges et des New York Dolls. Des T-shirts étaient suspendus à des cintres, sérigraphiés de portraits de la reine Élisabeth version trash, l'œil éclaté, coupe destroy, ou de messages balancés à la face du monde, le manifeste avec un grand M de la punkitude : *Another year with nothing to do. Too fast to live, too young to die.* Je suis ressorti de là gonflé à bloc, paré de badges et flottant dans un de ces pantalons écossais aux jambes sanglées, hyper-élégants, beaucoup plus créatifs que tout ce que l'on voit aujourd'hui, la mode baggy des rollers notamment. Les quatre sangles qui reliaient les deux jambes, du genou à la cheville, étaient lâches, ce qui permettait de marcher, mais pas de faire le grand écart. Tous les mouvements naissants ont, même dans leur code vestimentaire, une tendance totalitaire, pas vraiment méchante au départ, une volonté d'imposer une certaine façon de marcher. En l'occurrence, pas le pas de l'oie, le pas punk !

Pacadis et ses lunettes noires, missions accomplies, sont rentrés à Paris. Je suis resté, avec mon look anglicisé, pas Canada Dry, me sentant comme un poisson dans l'eau au milieu des déjantés punks.

À Londres, malgré ou plutôt à cause de la brume et de la grisaille, l'ambiance était assez délirante, électrisante. La sauce avait pris, sur fond de crise économique, le mouvement punk montait en puissance, malgré les relents de violence et de scandale dont les tabloïds se régalaient. Les Sex Pistols, dont le premier titre, *Anarchy in the UK*, avait été censuré, étaient désormais invités à des talk-shows et avaient signé chez Virgin, l'une des plus grandes maisons de disques. À l'occasion du jubilé d'argent de la reine Élisabeth, ils ont joué leur version punk du *God Save the Queen*, interdite d'antenne. Sous les fenêtres de Buckingham Palace. On les a arrêtés et passés à tabac...

Nous, conquis par leurs frasques, passablement désœuvrés, leurs chansons dans la tête, on errait dans la rue, traînant nos semelles compensées aux alentours du marché aux puces de Portobello et surtout à King's Road, essayant de provoquer les passants. Mais ils s'en foutaient de nos gueules, de la façon dont on était habillés. À Paris, les cheveux rouges scandalisaient, les cheveux bleus, n'en parlons pas. À Londres, pas du tout. Les gens te tiennent la porte, quel que soit ton look. Les loques de drapeaux anglais qu'on portait sur le cul, déchiquetés puis rafistolés à l'aide d'épingles de nourrice, les laissaient de glace. Pas moyen d'attirer l'attention, même en attachant des laisses à nos colliers de chien ras du cou, en promenant nos nanas ou en nous faisant promener par elles, selon l'humeur du jour. Ils en avaient vu d'autres, au temps des beatniks et des babas, du côté de Carnaby Street. Le message était clair pourtant, facile à traduire, les voyants rouges allumés.

En même temps, les vieilles traditions survivaient, monarchie, lords, bowlers, Yorkshire pudding... Il fallait zigzaguer entre le côté fou furieux des punks et les British traditions. Les pubs, seuls endroits où consommer de la Murphy's, noire et mousseuse, étaient fermés l'après-midi, et le soir on devait vider les lieux assez tôt. Impossible de trouver une goutte d'alcool le dimanche. Personne ne servait à boire, même dans les restaurants. Dimanche, forbidden zone. Anglicanisme oblige. On était condamnés à s'organiser pour se procurer de l'alcool aux bonnes heures et constituer des réserves. Une de nos principales occupations. Il n'existait pas de bar punk où se donner des rendez-vous mondains. « Je vous vois demain, au No Future Bar ? » Le N.F.B. des B.C.B.G. Ben non. On buvait de la bière ordinaire au McDo ou au Fish and Chips, c'était plutôt ça, la vie.

Des affrontements éclataient parfois, contre les supporters de l'équipe de première division de Chelsea, les teddy boys, même en pleine journée. Des pierres, des projectiles non identifiés volaient, s'abattaient contre les vitrines des magasins. Le grand Habitat de King's Road fermait précipitamment ses portes. On se planquait chez Boy's, l'une des boutiques punk de la rue. Le rideau de fer tombait. C'était vraiment chaud, beaucoup plus hard qu'à Paris. Mais ni les flics ni la garde montée n'intervenaient, ils nous laissaient jouer notre petit western.

Mon look s'était entre-temps radicalisé. Je portais une boucle d'oreille depuis longtemps. À Londres, j'avais décidé d'y attacher une chaîne en fer. Moi qui suis douillet comme tout, j'ai attendu d'être ivre mort pour me laisser percer la joue et planter une épingle de nourrice à la commissure des lèvres. Je ne me souviens pas avoir ressenti de douleur particulière. Le seul hic, et ça me stressait à mort, c'est que j'avais peur que dans les bagarres, un antipunk m'arrache ma chaîne. Ça faisait comme une poignée. C'était tentant...

Les soirées étaient rythmées par les concerts au Club 100, où avait eu lieu le premier festival punk de Londres, organisé par Malcolm McLaren, en septembre 1976. Ou encore au Roxy, près de Covent Garden. Sur scène, les musiciens remuaient, bondissaient comme s'ils avaient les doigts dans une prise électrique. Dans la salle enfumée, les spectateurs étaient fous, complètement speed, ils s'agitaient au rythme effréné des guitares. Au pied de la scène, les danseurs de pogo déchaînés cassaient des bouteilles de bière et des verres, sautaient en l'air en se bousculant. Les estrades n'étaient pas très hautes, chanteurs, musiciens, spectateurs ne formaient qu'un, une masse humaine, une houle archiviolente, survoltée. S'il y avait eu une coupure d'électricité, je suis sûr qu'ils auraient tous continué à s'agiter dans tous les sens, sans s'apercevoir de rien, tellement il y avait d'influx. Les voix des chanteurs s'évanouissaient sous les guitares hurlantes et les cris enragés. C'était un bordel total, un vacarme infernal. Le maquillage fondait, la sueur coulait, les T-shirts déchirés partaient en lambeaux. Des incidents se produisaient parfois. Les plus explosés tombaient dans les pommes, victimes de la chaleur ou d'overdoses. Les services médicaux ne risquaient pas d'intervenir, il n'y en avait pas. Les coupures saignaient sur le verre concassé, laissant des cicatrices haute couture, façon Alaïa. Anarchy in the UK.

La musique rugissait, la dope circulait. On prenait du speed. Du Fringanor ou du Captagon, des coupe-faim à l'origine. À chaque prise, nos mâchoires vibraient, une vraie danse de Saint-Guy, comme si on martyrisait d'énormes boules de chewing-gum. Ces gélules nous donnaient la pêche, nos corps couraient derrière nos têtes. Il m'est arrivé de rester quinze jours sans dormir ni manger. Le seizième jour, j'ai avalé un minicroûton de pain brioché. J'ai cru que j'avais bouffé un oursin. J'avais été victime d'un rétrécissement de l'estomac. Le discours dans ce domaine restait ambigu, on se voilait la face. On avait beau déclarer que la dope, c'était pire que l'alcool, danger à Tanger, on en prenait vachement.

Avec trois autres punks, des Anglais, on a décidé de fonder un groupe, très improvisé, un groupe de mecs qui ne savaient pas jouer, un groupe punk. À l'époque, ce n'était rien de monter un groupe, il suffisait de dégoter un vague musicien et c'était parti. Les Sex Pistols, les Clash sont nés comme ça. Paul Simonon a été promu bassiste des Clash, alors qu'il ne savait jouer d'aucun instrument. C'était trop long d'apprendre la guitare. « À la basse, il n'y a que quatre cordes, il suffit de faire boum, boum. » Les groupes pullulaient, et les petits labels aussi. C'est en se disant qu'on était vraiment piqués qu'on a trouvé le nom du groupe : Outpatients. Les patients de jour des hôpitaux psychiatriques, qui viennent le matin et rentrent chez eux le soir. Ceux qui sont dans un état grave, mais pas assez pour être incarcérés.

Les autres membres du groupe vivaient dans des banlieues sinistres, des petites barres d'immeubles grises, chez leurs parents tout gris, alcooliques, qui se tapaient dessus. Le terreau de la déprime noire. Une carte postale de désespoir et de violence. Comme sur les photos de Richard Billingham. Comme dans la chanson de Gotainer : c'est tellement sinistre que les corbeaux volent sur le dos, pour ne pas voir. Il y a les calissons d'Aix et la sinistrose de ces banlieues. Appellation d'origine contrôlée.

J'habitais dans une de ces banlieues, pas dans la cité des 4 000 mais plutôt dans celle des 120, à une heure de bus de King's Road (pas le Magic Bus des Beatles), chez les parents de John, le chanteur et leader de notre groupe, cheveux collés à la bière, rouges, tourneur-fraiseur de formation, chômeur de profession. On partageait sa chambre qu'on avait décorée d'un grand drapeau anglais, lacéré à coups de couteau et reconstitué avec des épingles de nourrice. Un hamster enfermé dans un aquarium complétait le tableau. Chalon-sur-Saône m'avait servi de test. Mais même Chalon-sur-Saône, à côté, ça faisait Neuilly-sur-Seine.

Tous les quatre – pas de Liverpool –, on passait des heures à répéter dans une boutique désaffectée, en entresol, un ancien pressing qui sentait encore le produit chimique, le trichlo, ce qui n'était pas pour nous déplaire. Avec notre matos de rien, nos vieux amplis Marshall cent watts, on crachait des décibels à tout rompre. On maniait régulièrement le fer à souder pour réparer les jacks toujours prêts à déclencher des faux contacts. Je tapais de toutes mes forces, artificiellement démultipliées par le speed, sur la peau de la caisse claire, les cymbales, le pied droit aplatissant la pédale de la grosse caisse, le gauche écrasant celle du charleston. C'était éclatant et crevant. Un certain nombre de baguettes n'ont pas tenu le choc, brisées net et sans bavure. De quelques nuits blanches, arrosées de brunes, sont sorties quelques chansons qui décrivaient la vie dans ces banlieues, l'atmosphère qui y régnait et notre envie d'en finir au plus vite. *Why I Hate the World*. Pauvres cris d'ados en crise. On a fait écouter la cassette autour de nous, paroles et musique ont semblé « pas mal du tout ». Malcolm McLaren et sa bande ont lancé, comme ils avaient lancé ou lanceraient à mille autres reprises pour mille autres groupes :

— Ça m'amuse, je le produis, votre disque.

Presser un quarante-cinq tours ne coûtait rien, ne rapportait souvent rien non plus. À part le *Never Mind the Bollocks* des Sex Pistols qui explosait les charts. On a enregistré deux de nos titres, dans un petit studio, pas piste par piste comme c'est l'habitude, mais tout d'un coup, en live. Le son était assez mauvais mais ce n'était pas grave, on était hypercontents, on avait réalisé notre rêve. On tenait notre maquette entre nos mains, prête à être pressée. Par hasard, un producteur de spectacles qui avait entendu au moins une des faces du single, je ne sais pas où ni comment, nous a proposé d'assurer la première partie d'Adam and the Ants, un groupe punk qui commençait à percer. Et en plus, dans cet endroit inouï, le Marquee, l'équivalent londonien de l'Olympia, vieux berceau d'idoles d'où les Sex Pistols s'étaient fait jeter après avoir massacré le matériel qu'on leur avait prêté, au cours d'une de leurs crises de nerfs bien orchestrées – ils tenaient à entretenir leur réputation et à mettre leurs paroles en action : envie de tout casser. Que le No future ne reste pas lettre morte.

Le jour J est vite arrivé, on trouillotait à mort. On a commencé par boire un coup dès le réveil. On avait transporté notre matos de la boutique désaffectée jusqu'à Wardour Street dans une camionnette au bout du rouleau, très punk, empruntée je ne sais où. On a débarqué, en début d'après-midi, tous très impressionnés et très imbibés. On n'avait même pas de table de mixage. On a fait la balance. Les roadies d'Adam and the Ants nous ont donné un coup de main. On a attendu comme on pouvait, confinés dans notre petite loge couverte de graffitis, buvant bière sur bière, un œil sur la trotteuse. Un gorille se tenait devant la porte, surveillant le passage. Un grand Black est venu nous prévenir, royal, au bar :

— O.K., c'est à vous !

On s'est mis en route, la peur au ventre, morts de trac. Le couloir n'en finissait pas. On est entrés sur scène, dans le noir, sans fard ni accessoires, pas de reptile à la Alice Cooper, rien que nous-mêmes, en proie à un sentiment assez indescriptible. Deux à trois mille punks s'entassaient dans la salle, chauds comme la braise. Passer en première partie, en vedette américaine, relève de l'exercice acrobatique. Plus vite tu as fini, plus vite les groupes que le public est venu voir sont sur scène. On a joué nos sept morceaux, ambiance larsen, tout trac envolé, comme par miracle, dissous dans la musique. J'étais complètement déglingué, j'ai pas mal « amnésiqué ». En retrait derrière ma batterie, ébloui par les projecteurs, je me sentais protégé de la masse informe du public. Et je me disais tout bas : « Putain ! J'aurais adoré être un Rolling Stone. » La musique exerce un tel pouvoir, libère tant d'énergie. Être l'initiateur de tout ça... Des applaudissements, des cris me parvenaient, plus fournis que ce que j'avais imaginé. On a salué, on est partis. Je me sentais vidé. Dans le couloir, on a croisé le chanteur d'Adam and the Ants, vêtu de cuir noir, le visage dissimulé sous une cagoule noire, avec des zips sur les yeux, sur la bouche, sur le nez. Il faisait peur. Alors là, le public a eu droit à du bon son, un bon groupe.

Le concert n'a pas duré longtemps, vingt ou vingt-cinq minutes. C'était court, on n'était pas les plus désirés de la soirée mais on avait assuré, rempli notre contrat, le public ne nous avait pas envoyé trop de bouteilles de bière, aucune bouteille de pisse. Ça resterait un souvenir fort.

Aujourd'hui, personne ne se risquerait à donner sa chance à un pauvre groupe d'amateurs. Tout est verrouillé. Mais en cette année 1977, une vague un peu folle soufflait, et sur cette vague, de petits radeaux comme les Outpatients pouvaient se laisser ballotter. Par temps calme, on n'aurait jamais pu se retrouver sur scène, en apéritif avant des huiles.

Il n'y a eu aucune retombée. Zéro. On a sombré dans l'anonymat qu'on avait à peine quitté. Les Outpatients avaient vécu, on n'était plus malades. J'étais venu à Londres, petit punk français débutant, j'avais enregistré un quarante-cinq tours, donné un concert, en vrai. La boucle était bouclée. Je pouvais rentrer.

J'ai sonné à la porte de la maison.

— *I am back.*

Mes parents ignoraient où j'étais passé, pendant ces six mois. Très tôt, j'avais montré un penchant pour l'aventure. À cinq ans déjà, j'avais suivi le long de la plage de Pampelonne le marchand de pralines qui ressemblait à un Indien de western, style Red Cloud. Mes parents, pensant que je m'étais noyé, me cherchaient dans l'eau, alors que, fier comme un shérif, je me tapais un Coca à huit kilomètres de là, avec mon chef indien qui m'avait hissé sur un tabouret de bar, vue sur la mer. Plus tard, à douze ans, pour rien au monde je n'aurais raté le Salon de l'enfance qui avait lieu chaque année au CNIT, à La Défense. Tenant à arriver dans les premiers, mon entrée gratos en poche, je me mettais en route vers une heure du mat'. Je marchais seul dans Paris, en pleine nuit. Arrivé au bas de l'avenue de la Grande-Armée, crevé, je m'endormais sous l'escalier d'un immeuble choisi au pif. La concierge, en sortant ses poubelles à l'aube, m'expulsait sans ménagement. Je poursuivais ma route, la gueule enfarinée. Je m'inscrivais à tous les jeux organisés par les différents stands (Ovomaltine, la Prévention routière...). On pouvait même faire du ski, sur une piste synthétique. André Torrent, animateur vedette du hit-parade de R.T.L., avait remarqué ce grand gamin, seul comme un rat. On avait sympathisé, et un soir, à la fermeture du salon, il m'avait ramené dans sa voiture aux couleurs de la station, orange et noir, munie de grandes antennes. J'étais aux anges. Je pouvais ainsi disparaître plusieurs jours, aller dormir chez des copains, sans que personne, à la maison, ne me demande rien ni ne s'en inquiète.

Mon père s'en foutait. Il avait lui-même disparu de chez lui. À la mort de son père, il n'était même pas retourné en Belgique pour assister à son enterrement. Il comprenait qu'on puisse se barrer sans laisser d'adresse. Ma mère, elle, a paru surprise mais heureuse de me revoir, après cette éclipse de quelques mois. Elle était sur le point de se lancer dans une nouvelle aventure professionnelle, elle zonait, elle était stressée, même au-delà de moi, c'était global. J'ai appris à mon retour qu'elle m'avait fait rechercher par Interpol. J'étais mineur. Ce qui n'est pas très rassurant, c'est que les agents d'Interpol n'ont jamais retrouvé ma trace. Je suis rentré par mes propres moyens, en bateau, via Douvres, gerbe incluse. Débarrassé de ma chaîne en fer, devenue obsolète, un cheveu sur la soupe.

Mon père, qui, comme il me l'a souvent répété, ne voulait pas avoir à payer mes éventuelles dettes, a entrepris de m'émanciper. C'est-à-dire de me faire devenir majeur à seize ans au lieu de dix-huit. Les aventures continuent, me voilà donc devant le juge des tutelles, dans son bureau de l'île de la Cité, beaucoup moins imposant que je ne l'imaginais. Au cours de son enquête, il n'a pu que constater le désastre.

— Attendez ! Le petit Putman n'est pas du tout en état d'être émancipé. Il est beaucoup trop fragile.

Flippé, pour les intimes.

Il a donc refusé la demande de mon père et a préféré me mettre en liberté surveillée. Une appellation juridique assez cocasse : vue sur l'océan mais derrière une fenêtre à barreaux. Si j'allais passer une soirée, un week-end, des vacances quelque part, n'importe où, en dehors de Paris, déjeuner à la campagne, dîner en banlieue, je devais appeler, laisser un message à son secrétariat.

— Allô Jean-Luc, allô Georges, ce week-end, je suis busy busy.

L'autorisation m'était accordée d'avance, mais il fallait que je tienne le juge au courant, qu'il sache tous les détails, chez qui, avec qui, pour faire quoi. Au retour, nouvel appel :

— Allô Jean-Luc, allô Georges, mon train a eu vingt-deux minutes trente de retard. Mais je suis là !

Les rapports circonstanciés que je devais lui apporter chaque mois, que je rédigeais de ma plus belle écriture, mes dissertations à moi, sujet libre, lui permettaient de prendre le pouls de mon état mental et donnaient le tempo à mon existence quelque peu désordonnée. J'acceptais son autorité. Le rapport de force penchait dans le bon sens, pour une fois.

Ce soir-là, ma mère rentrait d'un de ces cocktails parisiens qu'elle affectionnait, où elle tissait sa toile, enrichissant son carnet d'adresses, posant quelque nouveau jalon sur le chemin du succès. Les travaux de son loft avaient pris du retard, c'était un peu le bordel. Elle a tourné la clé dans la serrure. On était trois à dormir par terre, sur le palier de l'escalier intérieur. Elle ne nous a pas vus. Elle nous a marché dessus. Le lendemain, quand je lui ai dit qu'elle avait piétiné le manager des Sex Pistols, Malcolm McLaren en personne, elle n'en revenait pas.

— Si j'avais su... J'aurais préféré le rencontrer mieux... Debout !

Il était à Paris, pour le tournage du film *The Great Rock'n'Roll Swindle*, qui retraçait l'histoire de quatre garçons ordinaires qui deviendraient les Sex Pistols. Grâce à lui, grâce à cette formidable arnaque qu'il avait montée de toutes pièces pour faire fortune, prenant modèle sur son héros favori, « l'homme qui vendit la tour Eiffel ».

Déjà tout allait mal, on sentait que le No future était proche. La mécanique s'enrayait. La spontanéité des débuts avait disparu, le goût du profit avait pris l'ascendant sur la passion de la musique. Les ego des uns et des autres enflaient à vue d'œil, les querelles se multipliaient. Les avocats entraient en scène. Ambiance Dallas. Les Sex Pistols, en pleine tournée américaine, se séparaient. Johnny Rotten claquait la porte. Comme le chantait Jim Morrison, *this is the end.*

Au-delà de la fraude avouée, le mouvement punk traduisait un profond malaise de la société et n'était pas dénué de sincérité, de la part de tous ces jeunes qui s'emmerdaient à cent sous de l'heure dans les banlieues, à qui il proposait un projet, le seul qu'ils pouvaient entendre et embrasser, terrible, se foutre en l'air, avec le tampon O.K. de la société consentante et sous les projecteurs des médias, à l'affût des moindres provocations. Il reste le dernier mouvement musical d'ampleur internationale, avec ses rites, sa mode, ses locomotives noires et fumantes. Il n'y a rien eu d'équivalent depuis. La partie aura duré très peu de temps, à peine deux ans, au tout début des années 1980. Les Clash sont restés mais le côté capharnaüm s'est dissipé. Tout s'est calmé. La devise l'annonçait. No future. Les punks qui traînent en 2002 aux Halles font plus de peine qu'autre chose.

Fin de l'aventure qui m'avait fait grandir, en accéléré, en survitaminé. Retour sur terre. De sous terre.

Après la crise « je ne vais plus à l'école, tu as raison mon fils » et la fugue à Londres « je suis allé faire un petit tour sur place », ma mère, qui était catastrophée, a une nouvelle fois ressorti son vieux fantasme de l'université américaine. N'osant s'y coller elle-même, sachant le sujet sensible, chaud bouillant, puisqu'il s'agissait de me renvoyer à l'école alors que j'avais juré de ne plus y mettre les pieds, elle a opté pour la méthode du fusil à un coup. Elle a demandé à Jurgen d'intervenir, lui refilant le bébé. C'était mon meilleur pote, il n'y a pas d'autres mots. Un côté aventurier, quarante ans bien sonnés, il me considérait un peu comme son fils. Il a insisté.

— Écoute, tu vas à l'école en Angleterre, et tous les week-ends, je viens te voir et on se fait la belle vie.

C'est pour ça que j'ai accepté, à cause du deal. Trois jours avant mon départ, le producteur de Plastic Bertrand m'a appelé. Il voulait me faire enregistrer un disque. J'étais vert. J'ai dû refuser, la mort dans l'âme. J'étais inscrit, mon billet réservé et payé, pas moyen de faire machine arrière. Disharmonie du calendrier. À huit jours près, j'aurais eu une autre vie. Je suis reparti en Angleterre, en avion cette fois, encadré par Jurgen et Andrée. Après un déjeuner qui avait tout d'un repas du condamné, ils m'ont déposé à Buckswood Grange, une école de rupins, près de Brighton. Une école superstricte, supercon, un peu mixte. Les élèves étaient en grande majorité étrangers. Il y avait beaucoup d'Iraniens et d'Irakiens. Le shah d'Iran était encore au pouvoir, l'ayatollah Khomeiny en embuscade à Neauphle-le-Château. Les Iraniens, dont les pères occupaient pourtant de très gros postes, soutenaient Khomeiny. Je leur disais, complètement ahuri : « Vous êtes fous, vous vous tirez dans le pied. » Ils prétendaient que la Révolution islamique était la bonne solution.

La B.B.C. diffusait, chaque jeudi soir, un épisode du feuilleton *Roots*, qui racontait la vie d'un esclave noir, Kunta Kunte. J'attendais la suite de ses mésaventures dès le mardi, avec une folle impatience. Des soulèvements raciaux se produisaient à Brixton, à quelques pas de Londres, inspirant aux Clash un disque, *White Riot*. *Roots* m'a fait découvrir la réalité humaine de l'esclavage et du racisme. La réussite de cet homme, tellement désavantagé au départ, me fascinait. Je me suis rendu compte que la musique black, il n'y avait que ça de vrai. Je me sens un peu black. C'est un peu difficile à expliquer quand on est blond aux yeux bleus, mais c'est comme ça.

Jurgen a tenu parole. Tous les week-ends, il venait me chercher dans sa méchante limousine, une stretched Daimler. On s'est concocté des trips ethnologiques, d'une tribu à une autre, un coup chez Brian Ferry, un autre à Londres, chez Amanda Lear. Brian Ferry nous a invités dans son cottage, pure campagne anglaise, canapés en chintz, plus dandy que gentleman-farmer, un physique de faux premier de la classe, l'esprit et la voix de Roxy Music. De toutes mes sorties dominicales, celle qui m'a le plus marqué, c'est la rencontre avec Iggy Pop, au Ritz. Son physique d'iguane, sa tête d'halluciné, sa voix cassée, détonnaient dans cette suite au mobilier d'époque rutilant. Entouré d'une cour de déjantés, il avait pourtant des allures de monarque d'un royaume mythique, d'une autre planète.

J'ai superbien tenu le coup à Brighton. J'avais beau être hyperréactif, hyperénervé contre tout, je suis parvenu à me faire bien voir. J'ai été promu prefect. Dans les écoles anglaises, les bons éléments, pas seulement les fayots, deviennent prefects. Une distinction qui procure de petits avantages, mais pas de vrai pouvoir. C'est toi qui supervises l'extinction des feux, tu peux te coucher un peu plus tard, tu diriges les corvées au lieu de les exécuter, tu portes un badge sur le revers de la veste. J'avais donc troqué mes badges plastifiés des Sex Pistols contre un badge en métal émaillé de prefect. Andrée devait rire sous cape...

Mes « animal's spirits », selon l'expression de mon père, se sont réveillés. On ne peut pas prendre sur soi très longtemps. J'ai sauté après m'être fait choper en train de fumer et, comme dirait ma grand-mère, de « fricoter » avec une fille, une Française, dans le jardin de l'école. J'ai été dégradé, sermonné, renvoyé. Je suis rentré plus tôt que prévu, comme d'habitude, au cours du printemps.

Après cet épisode anglais, l'école, game over. Pour de bon.

Comme beaucoup de gens qui n'ont pas suivi d'études, j'ai souvent éprouvé d'amers regrets. Je sais que si j'avais été élevé normalement et si j'avais pu passer mon bac, je me serais volontiers intéressé de plus près aux sciences politiques. Le sujet me passionne, je lis la presse, j'écoute les débats télévisés, observant à distance le grand spectacle qu'offre le monde. « *All the world's a stage / And all men and women are merely players* », comme l'a écrit Shakespeare, les deux seuls vers appris à l'école dont je me souvienne encore. Naviguer dans des milieux straight, tout en ayant un style original, m'aurait follement amusé. Comme de parcourir le parc de Thoiry, au volant d'une voiture, au milieu des lions et des girafes.

3

Fresh pepper ?

L'idée de monter un business d'édition d'objets conçus par Gaudí taillant son bonhomme de chemin dans sa tête, ma mère avait décidé d'aller jouer les V.R.P. à New York, histoire de présenter quelques spécimens à des leaders d'opinion et d'analyser leurs réactions. Je venais d'achever un stage dégoté par mon père dans une agence de pub, où j'avais planché sur la campagne du trench Burberry's. Me voyant une nouvelle fois désœuvré, ma mère, bien que fauchée comme les blés, avait proposé de m'emmener. Sa vieille idée de l'université américaine ayant capoté, elle s'était rabattue sur celle du voyage à New York, moins ambitieuse mais plus dans mes cordes.

De mon côté, j'y voyais une occasion d'échapper, ne serait-ce que quinze jours, au cercle vicieux dans lequel je pataugeais. En dehors des périodes de repos forcé, je jouais avec le feu, héro et speed-ball au menu, mangeant la banane par les deux bouts. Avec tous mes copains, pris comme moi au piège de l'attrape-mouches, on se débrouillait pour que le robinet coule à jet continu.

Au-dessus de l'océan Atlantique, le Boeing de la T.W.A. est entré dans une zone de turbulences. On était secoués comme des pruneaux, je n'en pouvais plus. J'avais la rate au court-bouillon. Une fois les éléments calmés, les chariots ont pu entamer leur petit ballet dans l'allée centrale. Je me suis tapé un bourbon. Andrée s'est jetée sur un quart de champagne. Le film dont la diffusion avait été suspendue, *Buddy Holly Story*, a pu enfin commencer. J'ai vite déchanté, il se terminait par un terrible accident d'avion dans lequel Buddy Holly et ses musiciens trouvaient la mort. Je suis passé par toutes les couleurs de l'arc-en-ciel.

Le ciel était embouteillé, au-dessus de Kennedy Airport. On a dû tourner pendant plus d'un quart d'heure autour de Long Island, attendant notre tour, stressés, angoissés. Enfin, le commandant de bord a obtenu le feu vert de la tour de contrôle, et entamé la procédure d'atterrissage. Le sol n'était plus qu'à quelques mètres, mais l'avion est reparti quasiment à la verticale, telle une navette spatiale. Un autre Boeing se posait au même moment. La voix du copilote, dans le haut-parleur, a retenti :

— *Everything is under control.*

Moi, tout bas, reprenant ma respiration : « On l'a échappé belle ! » L'avion a fini par se poser, sous une salve d'applaudissements. Décidément. Tous les trips dans lesquels je m'embarquais étaient toujours à la limite de la rupture. Des galères volantes. Le syndrome du pot de fleurs qui ne peut tomber que sur toi. Je me souviens encore de l'hôtesse de la T.W.A., une fille sublime dans son uniforme rouge, une brune au sourire américain, dentition parfaite, laquée blanc. C'est frappant la façon dont certains visages s'impriment dans la mémoire, peut-être la peur du danger. Après l'atterrissage, j'ai vite déplané.

Il faisait très beau en cette fin d'après-midi de décembre. Un grand ciel bleu électrique. Un froid bleu. Une lumière qui file la pêche. L'autoroute était défoncée, le macadam criblé de trous avait de gros manques. On était ballottés dans le tacot, confinés comme des mouches dans un bocal. Une vitre blindée, doublée d'une grille, nous séparait du chauffeur, ambiance fourgon cellulaire. Des stickers jaune d'or nous bombardaient d'interdits. *Don't smoke. Don't eat. Don't drink. Don't talk...* Interdiction de fumer, de manger, de boire, de parler au chauffeur... *No U-turn*, pas de demi-tour. Condamnés à aller de l'avant. Big Brother n'était pas loin. Juste le droit de payer et de se taire. Image prémonitoire d'une société libre mais impitoyable : mieux vaut être blanc et droit que black et pas d'équerre.

Dehors, de l'autre côté de la vitre, la démesure. Jerry à la porte de son petit trou voyant Tom à la taille de l'Empire State Building. Un vrai choc. New York, de loin, ressemblait à un grand cristal de roche, avec ses pointes de verre et d'acier. « Oh ! C'est haut, c'est haut », comme chantait Gainsbourg sur « le trop tard du Bronx ».

J'avais averti ma mère, avant de partir.

— Je veux bien aller à New York, mais je vais voir Sly.

— Sly ?

Je lui avais expliqué. Chanteur des Flowers and the Romance, puis batteur de Siouxsie and the Banshees (fées dont le gémissement annonce un décès prochain, dixit le dictionnaire Hachette), Sly, de son nom de scène Sid Vicious, était devenu roady puis bassiste des Sex Pistols, en lieu et place de Glen Matlock. Le choix des noms en disait long sur l'ambiance et la teneur du message. Johnny Rotten, le chanteur du groupe, se révélerait plus ambitieux que pourri et Sid Vicious, plus destroy que vicieux.

Je l'avais rencontré lors de mon premier voyage à Londres, grâce à Malcolm McLaren. C'était une vraie tête brûlée, gravement brûlée. Sa mère était à moitié folle, et l'autre moitié junk. Pour le moment, il était en taule, soupçonné d'avoir tué sa sinistre gonzesse, Nancy. Tout le monde l'avait pourtant mis en garde.

— Arrête, elle va te ruiner la vie, c'est un suicide déguisé d'être avec cette fille.

Sid ne voulait rien savoir, il préférait s'enfoncer, se défoncer avec elle. « De toute façon, affirmait-il, je suis mort dans six mois. » *Death is a Star*, chantaient les Clash.

On s'était très bien entendus à Londres, on ne rêvait que de mourir, éclusant des Murphy's jusqu'à plus soif. Très proches sur l'instant, bien que de fabrication opposée. Lui, pur produit du prolétariat postindustriel anglais. Moi, pur produit de l'ère primaire de la gauche caviar. *Same shit, different color.*

Je le regardais faire des grimaces, écarquiller les yeux, pencher la tête et trembler, s'amusant à provoquer son monde, sa peau vert pomme, ses cheveux noir corbeau dressés sur la tête, une chaîne autour du cou munie d'un cadenas en pendentif, dont il avait jeté la clé par-dessus bord. J'avais vite pigé qu'en fait il voulait jouer à se faire peur. La peur est la cousine germaine de la mort, comme la dope. Archispeed, hypersensible, il ne connaissait rien à la basse. C'était lui, l'inventeur du pogo, il avait trouvé le nom et l'idée, en voyant les kids sauter pendant les concerts. J'adore sa version de *My Way*, c'est la seule que j'aime. Trash, speed, à sa façon. Même Paul Anka, musicalement plus proche de Sinatra que de Sid, a salué sa mouture. C'était gonflé.

J'avais entendu parler de l'affaire. Cette nuit d'octobre 1978, dans une chambre du Chelsea Hotel, midtown, adresse mythique des héroïnomanes stakhanovistes... Que s'était-il passé au juste ? Ce qu'on avait tous pressenti, Nancy était un oiseau de malheur. Au matin, la groupie déglinguée avait été retrouvée morte dans la salle de bains, poignardée. Sid avait encore joué à se faire peur, dépassant les bornes cette fois. Anti-route 66.

En allant à New York, il n'était pas question de le louper, où qu'il soit, même au pénitencier. Comme j'étais mineur, ma mère devait m'accompagner. Elle a accepté, laissant parler sa fibre artistique, ou comme une mère qui en est à son six cent septième tour de manège au Jardin d'acclimatation et ne se sent pas le courage de refuser à son enfant le six cent huitième. Alors que, pour moi, c'était une question existentielle. C'était touchant parce qu'elle était dépassée par cette histoire. Elle est quand même venue. Chapeau. Ça a dû être étrange pour elle, gênant même. Alice au pays des horreurs. Quand tu rends visite à un prisonnier, tu es très vite considéré comme à moitié criminel toi-même, un peu plus on te garderait. Si tu le connais, tu dois être de la même veine... Le côté « il n'y a pas de fumée sans feu », expression terrible, rédhibitoire, assassine, tout en raccourcis – la porte ouverte à l'erreur judiciaire.

La prison se trouvait à quelques miles de New York, dans le New Jersey, au cœur de l'American way of life. Un délice. La bâtisse se dressait, musclée, bouclée, pâle aperçu de ce qui nous attendait à l'intérieur. Après le passage de multiples portes en différents matériaux inviolables, un maton patibulaire nous a fouillés. À côté, un pitbull, c'était Bambi. Rien qu'à les voir, ces sous-chefs, le fauve qui sommeillait en moi a rugi. On a vidé nos poches. Premier contact, t'enlever tout ce que tu as sur toi, tout ce qui te rassure, ta montre, tes clés, ton passeport, tous tes attributs d'homme libre. À poil. Andrée m'a attendu, à l'entrée, au milieu des baobabs en uniforme. Dans le couloir qui menait au parloir, dans la partie encore visible du château, là où les caméras sont encore admises, la lumière était tellement blanche qu'elle paraissait bleue, comme la flamme d'un fer à souder. Sid a été surpris de me voir, mon nom ne lui rappelait rien, il ne savait pas qui il allait retrouver. Quand le contexte change à ce point, un autre lieu, une autre vie, la tête sens dessus dessous, on oublie facilement le nom des gens, même celui de ses amis. Mon visage lui a remis les idées en place. Il a souri. On a échangé quelques mots au téléphone, entrecoupés de silences, assis face à face, de part et d'autre de la vitre, rêvant de survie, à jeun, pour changer. Le bon vieux temps en filigrane. J'avais l'impression d'être sourd. Ce que je lisais sur ses lèvres m'était confirmé par le combiné de l'interphone. Je le voyais à travers la vitre. Il était mal, sevré d'héro. C'était *no more show*, il n'y avait plus de déguisement, plus d'épingles de nourrice, plus rien. Il était là dans son costume local, sa tenue criarde de prisonnier. Ce n'était plus le personnage forgé par la scène, le mec arrogant avec sa tronche de déjanté mais un petit moineau mouillé, apeuré. Il flippait. Il avait peur d'en prendre pour vingt ans minimum. Son avocat prétendait qu'il ne s'agissait pas d'un meurtre prémédité, à froid, mais d'un simple jeu sadomaso qui avait mal tourné. Catastrophé de s'être foutu dans cette sale histoire, il n'en menait pas large. Il ne savait pas encore qu'il sortirait assez vite, que Malcolm McLaren verserait sa caution. La notoriété des Sex Pistols l'aidait, pour le choix des codétenus notamment, mais aggravait aussi son cas : du point de vue du procureur, il était supposé donner l'exemple. Un comble pour un punk. Il ressemblait plus au requin mort, figé dans la résine de Damien Hirst qu'à un requin du rock'n'roll.

— *See you next time.*

— *Hopefully soon, mother fucker*, a-t-il rétorqué comme à la belle époque, d'une voix blanche – peut-être pour conjurer le sort.

Ses yeux noir de jais scintillaient. Il était temps de se quitter, un maton est venu m'ouvrir la porte, un autre lui a remis ses menottes aux poignets et ses chaînes aux chevilles, chacun s'en est retourné de son côté, j'ai franchi la porte, une autre se refermait sur lui dans un bruit sec.

Il est mort quelques jours avant sa comparution, d'une overdose. *Too young to die.* Affaire classée.

Premier séjour à New York. Ma première sortie en civil avec ma maman, presque normal, libéré de mes obligations non pas militaires mais punk. Mes cheveux avaient poussé, la teinture disparaissait au fur et à mesure que je les faisais couper. Il ne restait plus qu'un demi-centimètre de couleurs, comme dans ces objets décoratifs des années 1970, composés de tiges creuses en nylon formant un bouquet. Au bout de chaque tige brille une petite lumière dont la couleur varie selon le mouvement rotatif d'une palette de gélatines. Ma tête ressemblait à ça.

Passage dans un autre monde, le Nouveau Monde. De block en block, un petit tour de la planète, de Chinatown à Little Italy. Tous les coins sont représentés, chacun a apporté sa contribution à l'édifice, le cadeau de la France trône dans la baie, proclamant, poing levé, les valeurs clés du pays : indépendance et liberté. Ce bouquet d'ambiances me rappelait le seul film de pub que Fellini ait accepté de réaliser, pour Campari. Quatre personnes sont assises dans le compartiment d'un train, dont un monsieur très chic, dans un costume vraisemblablement taillé à Londres, qui, en appuyant sur un bouton, change à sa guise le décor du paysage qui défile derrière la vitre, passant d'images tropicales « de rêve » aux reflets argentés d'un glacier polaire.

La ville m'a paru très violente. Les sirènes des pompiers faisaient un bruit d'enfer, on avait l'impression que la fin était proche, que tous se ruaient vers on ne savait quoi, une course à l'échalote. Comme si c'était déjà trop tard. Au cours d'un dîner, j'ai rencontré une vieille dame très chic de Central Park West, quatre Matisse dans le salon sans doute, qui avait perdu ses dix dents de devant, cinq en haut, cinq en bas. La milliardaire qui se casse les dents, ironie du sort. L'argent ne protège pas tant que ça, finalement, même si tout le monde court après et ne rêve que de ça. Denrée vitale, ici.

Un ami nous avait prêté son appartement dont ma mère avait fait la décoration, à l'angle de la 55e Rue et de la 5e Avenue, à deux pas du Musée d'art moderne. Elle avait, comme ça, en amateur éclairé, décoré les appartements ou les maisons de plusieurs de ses amis. Ils appréciaient ses goûts, elle y prenait goût. Pour l'heure, elle papillonnait, sa petite mallette à la main, remplie de modèles en bronze de Gaudí. Poignées, boutons de porte, un judas, un loquet, dont les formes étaient découpées en creux dans la mousse recouverte de velours noir qui tapissait l'intérieur de leur écrin. Elle y tenait comme à la prunelle de ses yeux. Ambiance James Bond, nous en vedettes américaines, avec, dans le rôle principal, la serviette en cuir renfermant les trésors de Gaudí... Histoire de dédramatiser, de faire baisser la pression, on plaisantait à l'idée qu'on puisse nous la voler ou, que nous puissions, bêtement, l'oublier dans un taxi.

— Vous imaginez le grabuge...

— Je préfère ne pas y penser, répondait-elle froidement, en incrustant ses ongles dans le cuir de sa mallette.

Je la vouvoyais, elle me tutoyait. Ce qui, sans garantir le respect, créait des déséquilibres, des décalages. Comme si j'étais un singulier et elle, un pluriel. Comment allez-vous ? Et toi ? J'avais souvent l'impression que nous n'étions pas sur la même longueur d'onde. Comme si je lui parlais en mono et qu'elle me répondait en stéréo. Elle avait toujours prétendu que c'était ma grand-mère, très attachée aux vieilles traditions de la grande bourgeoisie française, qui y tenait. Elle-même la vouvoyait. Mon père avait laissé faire, sans piper mot. Bizarrement, je n'arrive même pas à me souvenir si mes parents se tutoyaient ou s'ils se vouvoyaient.

Il y a une dizaine d'années, alors que j'approchais de la trentaine, Andrée m'a demandé, sans préavis, de la tutoyer. Le vouvoiement ne correspondait plus à sa nouvelle situation, et encore moins aux standards de la gauche branchée. Je n'ai ni refusé ni essayé.

C'était exclu. Irrémédiable. Trop tard. Je resterais condamné à dire ou à penser tout bas cette phrase étonnante : Maman, hier, vous me pompâtes l'air... À chacun son fardeau de contradictions.

Les Américains ont une spécialité : l'engouement pour certains lieux. Du 15 décembre au 9 janvier, il faut aller tous les soirs chez X ou Y. Autrement, tu passes pour le dernier des ringards. La note est très salée, le service très long, la nourriture très mauvaise, la réservation obligatoire et très longtemps à l'avance. Mais c'est là qu'il faut être, coûte que coûte. Et tout à coup, un jeune loup de la restauration, souvent le même, ouvre un autre spot, quelques blocks plus loin, et toute la meute suit. Les gens se laissent transporter d'un endroit à un autre. Tous les ingrédients sont réunis : la star de cinéma accompagnée de sa dernière trouvaille, la rock star avec son plâtre sur le nez après une énième opération de chirurgie esthétique, machin et sa chose, l'écrivain maudit, un peu à la mode, caché sous un feutre trop grand pour lui, et elle, rédactrice en chef d'un magazine féminin, habillée comme l'as de pique par une pseudo-étoile montante de la haute couture. Elle croit rayonner. Des photos prises au flash passent dans plusieurs rubriques people, souvent cruelles. La mayonnaise prend en un tour de main. Monter un resto branché est un plan idéal pour se faire des thunes en un temps record. En l'occurrence, j'allais au One Fifth, tout en bas de la 5e Avenue, downtown. Le goût des années 1980 pointait. Les murs, le carrelage, tout était blanc, comme la maison ou le container de Jean-Pierre Raynaud. Logo années 1930. On se serait cru dans la salle à manger d'un paquebot, le *Normandy* ou le *Queen Elizabeth*, appareillé pour une campagne de pêche au saumon, au large de l'Alaska. Ou plutôt dans le laboratoire de contrôle de qualité d'un navire-usine. On s'enfonçait dans des sièges trop grands, toujours trop chez les Américains, le plus du trop. La bouffe était infecte, mais tout le monde s'en foutait. Le principal semblait le moins important.

Un serveur s'est approché de notre table, l'air triomphal, brandissant un poivrier en bois clair d'un mètre de long.

— *Fresh pepper, Sir ?*

Bluffé par la taille de l'instrument et par son uniforme trop neuf pour être vrai, j'ai accepté.

— *Yes, please.*

Après avoir moulu un demi-grain au-dessus de mon assiette, il est reparti proposer ses services aux clients des tables voisines. J'ai toujours adoré les épices, le poivre en particulier, je suis resté sur ma faim. Les mœurs, dans ce pays neuf, vierge de toute tradition, ont un côté excessif, parfois absurde, une liberté illusoire, bien caractéristique de cette Amérique impérialiste qui veut mettre son grain de sel partout. On te sert du poivre dans un poivrier géant, plutôt que de te laisser te servir toi-même, à ta guise. Tant que ça ne concerne que le poivre, ce n'est pas grave. On n'éternue pas.

Entre la poire et le fromage, Andrée faisait sortir de sous la table ses objets de Gaudí, qu'elle agitait comme des marionnettes, semblant leur donner vie dans une scénographie improvisée, accompagnée de grandes envolées lyriques dans son anglais shakespearien qui laissait nos voisins de table pantois. Voir une femme, pas toute jeune, se réinventer une carrière, déployer pour cela plus d'énergie qu'une adolescente en goguette, ça leur en bouchait un coin.

The University Place, toujours downtown, plus tard dans la nuit, attablé dans la grande salle très enfumée, un comble pour New York. Il y avait une lumière étrange, ni claire ni obscure, en demi-teinte, genre boîte de nuit à moitié allumée, ou resto à moitié éteint. Les clients, des étudiants de N.Y.U. pour la plupart, composaient une masse plus sombre. C'était archi-bruyant, la musique à fond la caisse, il fallait hurler pour se faire à peine entendre de ses voisins, agiter les bras comme un homme tombé à l'eau pour commander le moindre verre. Je continuais sur ma lancée.

— Une autre Budweiser, please...

Si, faute de connexions, j'avais levé le pied de la dope, je ne pouvais me résoudre à ne rien avaler, j'avais besoin de mettre du carburant dans le moteur. Je concentrais mes efforts sur l'alcool, ultime recours par temps sec.

La profusion de radios F.M. me fascinait. Nous étions allés acheter mon futur cadeau de Noël, un ghetto blaster, dans un de ces magasins hallucinants de la 42e Rue tenus par des juifs orthodoxes, où règne la même ambiance que dans les bazars de l'avenue Mohammed-V à Essaouira. C'était un de ces appareils portables que l'on appelait amicalement l'attaché-case du tiers-monde. Il me suffisait d'effleurer le bouton « seek » et je tombais sur une station, puis une autre, et une autre encore. K.W.I.T., K.W.N.C... En France, les radios libres n'existaient pas à ce moment-là, elles n'arriveraient qu'avec un temps de retard, celui qu'il faut pour traverser l'Atlantique en brasse coulée : cinq ans. Difficile d'imaginer qu'un jour j'animerais une émission musicale perché dans les studios de Radio Mégalo, au dernier étage (sans fenêtre) de l'hôtel Concorde La Fayette. Même tranche horaire que Macha Béranger. Le disco était en vogue, ce n'était pas trop mon genre. Le tube de Blondie, *Denis, Denis*, passait et repassait. Rescapée du mouvement punk, un foulard en garrot, elle cherchait à se recentrer, comme bien d'autres qui mettaient de l'eau dans leur vin, composant ce qu'on appelle la New Wave. Les Cars arrivaient sur la F.M., nouvelles stars de la pop clean, du rock carré, light, un peu labo. Rien ne m'inspirait vraiment, à part *Suicide*, d'Alan Vega, *Radioactivity* et *Autobahn* de Kraftwerk, les débuts d'une nouvelle musique électronique. Après les moments intenses que j'avais passés à Londres, la vie me paraissait très pépère, cool straight, même si certains concerts étaient encore un peu chauds, notamment au Mud Club, un club underground inauguré le lendemain de la fameuse nuit au Chelsea Hotel, alors que Sid passait sa première nuit à l'ombre. *Show must go on.* Les groupes rock les plus fous s'y embourbaient. Rien à voir avec la fureur de Londres. Je me sentais comme un jeune retraité de dix-sept ans.

Après quelques rendez-vous capitaux, les affaires d'Andrée semblaient se porter à merveille. Gaudí go. Un jeune homme ombrageux, qui se disait d'une illustre famille germanique, a commencé à lui faire la cour. Un soir, il nous a emmenés à Broadway, dans sa voiture avec chauffeur de couleur, façon équipage colonial. Au programme, un one man show du vieil acteur Quentin Krisp, haut personnage de la scène underground chic new-yorkaise. Il se déplaçait en s'appuyant sur une canne en bambou à pommeau d'argent sculpté qu'il avait dû dégoter à Tanger, à la grande époque. Tout le monde s'accordait à dire qu'il était génial, mais mon anglais était encore un peu court pour en avoir le cœur net. Après le théâtre, souper dans un restaurant français, midtown, qui n'avait de français que le nom.

C'était space, ce mec, beau garçon, distingué, trente-cinq ans, qui trimballait la future fée du design et son fils. Ma mère n'osait pas me laisser seul, probablement de peur que je repeigne l'appartement. J'avais déjà fait le coup, à Paris, elle savait que j'avais une petite âme de décorateur. Un jour, vers onze ans, je m'étais procuré des pots de peinture chez le marchand de couleurs Benguigui, rue Dauphine, à l'angle de la rue de Nesle. J'avais repeint les murs de ma chambre en orange, à grands coups de rouleau, et les plinthes en jaune fluo. Andrée n'en croyait pas ses yeux. Elle m'avait envoyé illico acheter des feuilles de papier reliure marbré polychrome, chez Relma, une très ancienne maison de la rue Danton. On les avait collées sur les murs pour recouvrir mes œuvres, pâle imitation du dripping de Jackson Pollock.

On est rentrés à Paris sains et saufs, avec la petite mallette en cuir noir recouverte d'empreintes d'ongles. Mission accomplie. Les bijoux de famille intacts, dans leur écrin. Le filon était bon. Une nouvelle vie commençait pour Andrée. Elle allait fonder Ecart, verlan de trace, qui ferait un carton en rééditant des meubles des années 1930, dont la fameuse chaise de Mallet-Stevens.

De mon côté, je sortais de l'enfance, j'allais devenir majeur, à l'heure dite. Entre les rues du sixième arrondissement, les faubourgs de Londres et les belles avenues de New York, j'avais vu pas mal de pays. Je ne possédais pourtant aucun bagage scolaire. J'avais hâte de me lancer, sans avoir cependant le quart d'une idée sur quoi faire de ma carcasse. J'étais convaincu que je mourrais jeune. Impossible de m'imaginer le même en vieux, avec un job straight.

Drôle d'enfance, tout de même. Un goût de Car-en-sac, amer et sucré à la fois. Pas mal de gâchis, peut-être. Plus montagnes russes que jeu de l'oie.

4

Allons enfants...

Le service militaire était encore obligatoire à l'époque, et pour pouvoir trouver un job, il fallait être libéré de ses obligations militaires. Alors que j'avais tous les plans pour être archipistonné, l'idée de me planquer au sein du service cinématographique des armées au fort d'Ivry me paraissait minable, malgré les promesses de minivie créative qu'il offrait. Contre l'avis général, j'ai affirmé, comme le père de l'inspecteur Labavure, en dépit des recommandations de ses collègues qui tentaient par tous les moyens de le dissuader d'aller déloger une bande de malfrats armés jusqu'aux dents :

— Non, non, je le fais, je le fais. Arrêtez de me parler de ça. J'y vais, j'y vais.

La partie était perdue d'avance. C'était aller au casse-pipe direct. Coluche, dans le rôle du père, se fait descendre comme prévu, ayant néanmoins fait preuve d'une bravoure remarquable, presque idiote.

Je voulais jouer les héros, comme lui. Être un homme. Personne n'y a rien compris, une fois de plus.

Arrive par la poste la convocation aux trois jours, qui, en fait, durent un jour et demi. Rendez-vous à sept heures du matin, à la caserne de Reuilly, non loin du zoo de Vincennes. Je me suis donc pointé, sur mon vieux Solex, le teint blême, frais émoulu de mon sixième arrondissement natal, plein de bonnes résolutions. Un peu inquiet, tout de même. J'avais déjà perdu une demi-heure à trouver la porte d'entrée. On m'a ordonné de rejoindre une espèce de troupeau qui patientait dans la cour. J'ai tout d'abord été reçu par un lieutenant-colonel en uniforme, bardé de décorations pour faits de guerre, assis, l'air las, derrière un bureau minimaliste, au fond d'une pièce sombre aux couleurs pâlies.

J'ai passé le test ophtalmologique, sans problème.

— L'œil gauche, ça va, l'œil droit, ça va, a déclaré le colonel qui avait le sens du rythme.

Une espèce de machine assez docteur Folamour a mesuré à mon insu mes capacités auditives. Pas moyen de faire le sourd.

— Cinq sur cinq à chaque oreille, a conclu le colonel que les chiffres semblaient rassurer.

Ensuite, changement de crémerie, une vaste salle quadrillée de tables rappelant le C.P., où m'attendait le grand test écrit. Un amas de questions, sous forme de Q.C.M. Il fallait cocher une des réponses proposées, impossible d'en proposer une de son cru. Une sorte de rébus, une dictée de Pivot à l'envers. Il n'y a pourtant pas que des prix Nobel, dans le pays. Je voyais autour de moi des mecs au regard vide, là, pas là. Sans doute ne savaient-ils pas, ou plus, lire ni écrire, ou à peine. Peut-être ne comprenaient-ils pas le sens des questions. Certains avaient carrément l'air de faire de la résistance. Le Festival de Cannes, quoi.

En cours de route, on a analysé mon carnet scolaire, mes moyennes et les commentaires éclairés de mes profs. À cette étape du parcours du futur combattant, j'ai compris que pour moi, c'était « adieu l'armée de l'air », « bonjour le troufion de base ». Quitte à faire son service, autant le faire à fond, comme le reste. Allons enfants...

Pour finir en beauté, on nous a projeté une série de films plus terrifiants les uns que les autres, illustrant les dégâts collatéraux du N.B.C. : nucléaire, bactériologique, chimique. Sur les vieilles images des tests nucléaires tournées par le service cinématographique des armées – peut-être pas une si bonne planque que ça –, on voyait des vaches, surprises par l'explosion d'une bombe atomique, voler comme des feuilles mortes. Des consignes de sécurité étaient dispensées, pour sauver sa peau en cas d'attaque chimique. Survivre. Le mot me poursuivait.

Comme je n'étais ni sourdingue, ni aveugle d'un œil, ni pieds plats, ni psycho – enfin psycho, je l'étais mais ils ne s'en sont pas aperçus, et je n'ai pas cherché à noircir le trait, n'ayant pas le cran de jouer les fous à lier, de répéter toutes les cinq secondes le même mot, incompréhensible si possible, de me traîner par terre en criant « Je suis une otarie », de me mordre jusqu'au sang, dans le but d'être réformé P4, P comme psychiatrique, 4 comme irrécupérable, indésirable, interdit d'accès aux postes de l'administration –, et comme personne n'avait détecté de caractéristiques inassimilables qui m'auraient permis de sortir tout de suite du rang pour échapper au destin, j'ai été déclaré apte au service.

Je suis reparti avec une cartouche de Gauloises troupe en guise de remerciement de la part de la nation reconnaissante. Ça m'allait, je fumais. L'occasion de s'y mettre était offerte à ceux qui ne fumaient pas. Bienvenue au club. J'ai également reçu un petit peu de fric, un petit pécule, de la part du pays que j'allais servir. Dans une enveloppe en kraft, scellée, vingt-sept francs six sous, en petites coupures. Dehors, mon vieux Solex m'attendait.

Les trois jours reposent sur un principe simplissime : en un jour et demi, on te dit qui tu es, alors que toi, en dix-huit ans de vie, tu ne le sais toujours pas. Mais bon, passons sur l'essentiel. Pendant cette vaste opération de tri, chacun est tamponné et rangé dans la case qui correspond à ses prétendues compétences. Les C.A.P. de mécanicien au garage, les C.A.P. de cuisinier aux cuisines, les élèves du conservatoire à la Musique. Je ne rentrais dans aucun moule, même en forçant avec un chausse-pied. Les statistiques établies à cette occasion révélaient un pourcentage inquiétant d'analphabètes et d'illettrés parmi les hommes du pays. Le monde moderne a beau courir toujours plus vite, beaucoup restent au bord de la route. Je me rendrais compte plus tard que ma décision avait été motivée par un désir secret d'obtenir une sorte de reconnaissance, à défaut de diplômes.

Un an plus tard, l'œuf couvé du dinosaure a éclos. Nouvelle lettre recommandée, je suis l'accusé de réception. J'ai obtempéré. Incorporé en octobre, j'étais de « la dix », deuxième classe, chargé des transports de l'armée de terre à l'École d'application du train, à Tours, boulevard Thiers. Derrière ce nom glorieux se cache une boîte où l'on apprend principalement à conduire un camion et à changer ses roues. Le commandant de l'école était un vieux capitaine manchot et alcoolique, teint rouge griotte à l'eau-de-vie, deux qualités indispensables pour exceller dans cet exercice et atteindre les chronométrages des paddocks de Formule 1.

À peine arrivé, je suis passé chez le coiffeur. D'habitude, il opérait sur des conscrits debout. Gêné par ma taille, il m'a demandé de m'asseoir. Je l'ai trouvé un cheveu moins créatif que Rocky, le patron du salon de la rue de la Grande-Truanderie. Je me suis même senti un peu humilié, crâne rasé, comme tout le monde. Atteint dans mon intégrité.

J'ai ensuite circulé de petite échoppe en petite échoppe, pour obtenir mon paquetage complet, treillis, rangers, tenue de combat et enfin, pas sérieux s'abstenir, une arme. J'avais l'impression de franchir les différents postes de la chaîne des *Temps modernes* de Charlie Chaplin. J'en suis sorti, l'air peu glamour d'un « soldat tout équipé ».

Le deuxième jour, visite médicale. Des appelés qui

finissaient tout juste leurs études de médecine nous ont examinés. Pas sûr qu'ils auraient décelé une tuberculose en phase terminale. J'ai pris place au milieu d'une rangée de dix mecs. Dix appelés lambda, pas plus infirmiers que moi, avaient été chargés de nous vacciner contre la diphtérie, la tuberculose, le tétanos... D'un seul mouvement, ils ont planté les dix seringues dans les dix épaules. Ce vaccin, le D.T.T.A.B., était particulièrement puissant. Cinq en un. Un remède de cheval. Pour éviter que nos bras n'enflent, ne s'ankylosent, on a dû jouer aux Shaddocks, les remuer non stop. Sans pour autant décoller.

Pendant les tests de commandement, les sous-off, tonnant de la voix, essayaient d'apprendre à un peloton de deux cent quarante bonshommes, alignés par douze sur vingt rangs, à obéir aux ordres : marcher au pas, tourner à droite, à gauche, s'arrêter net (ce qui n'est pas rien). J'avais l'impression qu'ils jouaient à la voiture télécommandée. Pas téléguidée. Il n'y avait pas de fil, quand même. Une, deux. Une, deux. Marcher droit, devenir un homme...

Tous les jours, nous recevions notre dose de sport. À un rythme démesuré par rapport à ce que la majorité pratiquait dans le civil, ou à ce qu'on était capable d'endurer. Histoire de nous mettre en forme (de nous donner de méchantes crampes, dans un premier temps, mais bon, ça passe). La forme, pas les formes (de politesse). Chaque jour, on s'entraînait au parcours du combattant. Un steeple-chase pour hommes et, depuis peu, pour femmes, égalité des sexes oblige ! Monter un mur tout lisse, sans aucune prise, à la force des bras. Sauter de trois mètres. Repartir en courant. Ramper sous un portique recouvert de grillage. Grimper à la corde, recourir, dans le sable, re-escalader des murs, et ainsi de suite, le tout, tout équipé, l'arme à l'épaule. À couper le souffle. J'étais mort, les jambes comme des poteaux télégraphiques, sans voix pour crier : « Qu'est-ce que je fous là ? »

Les corvées constituaient un autre genre de sport, moins fatigant mais plus dégradant. Pour te faire lâcher le fromage, comme dans la fable, l'encadrement utilisait un des subterfuges les plus éculés, vieux comme Hérode : la flatterie.

— Est-ce que quelqu'un parmi vous parle anglais ?

Je levai la main, fier comme un paon, seul à me manifester.

— Moi.

— Eh bien, vous nettoierez toutes les toilettes du bâtiment principal !

Même principe que sous la révolution culturelle : les intellectuels briquent les chiottes, les illettrés commandent.

J'ai juré, mais un peu tard, qu'on ne m'y prendrait plus.

Tout un tas de gars circulaient librement au pas de tir, avec leurs armes chargées à balles de guerre, te menaçant involontairement. Une rafale pouvait partir à tout moment, décimer le groupe. C'était hypersauvage. Viser la cible, une silhouette de soldat en carton qui te rendait la pareille, supposée te faire trembler, c'était plutôt à mourir de rire. Et d'ennui. J'aurais pu refuser de mettre mes rangers, sous prétexte que j'avais mal aux pieds, ou des ampoules, pour me faire dispenser de séance de tir et de maniement d'armes, mais je n'avais pas envie de passer pour un objecteur de conscience. J'essayais de faire de mon mieux, dans la position suprême, celle du tireur couché. Allongé dans le sable. La tête dans les étoiles.

J'avais gagné un an de vie commune, loin des Seychelles, avec six cent cinquante troufions dont je ne connaissais rien, d'espèces variées, de toutes les couleurs, venus d'horizons très divers, proches ou lointains. Certains parlaient des patois que je n'avais jamais entendus jusque-là. Tous étaient extrêmement différents mais tous étaient enfermés dans la même cage. Je me suis peu à peu habitué à bouffer quasiment dans la même assiette que les autres appelés, ou plutôt dans des plaques de métal embouties, à partager la même chambre, à utiliser le même lavabo, les mêmes douches. J'ai fini par trouver mes marques. C'est une des grandes qualités de l'être humain, savoir s'adapter à toutes les situations, même les plus incongrues, surtout quand il s'y est fourré de son plein gré. Les officiers pouvaient s'arsouiller à leur guise au mess, nous, les hommes du rang, devions traverser le boulevard pour nous mettre le compte, au troquet d'en face, un de ces cafés pour soldats où tout le monde est bourré, debout autour d'un comptoir en Formica jaune, usé jusqu'à la garde, où traînent des demi-putes, vilaines et titubantes. Dans un épais nuage de fumée, au milieu des cadavres de Kro. La bière coulait à flots et nous avec. Ces soirées un peu glauques nous donnaient l'occasion, pas vraiment rêvée, de créer des liens, aussi éphémères qu'illusoires. J'ai joué les écrivains publics, aidant quelques « copains » de régiment à donner des nouvelles à leurs familles qui vivaient à la campagne. Pour eux, l'armée était un peu comme la messe, un programme préenregistré. Décorer leur quille représentait une partie de plaisir dont l'apothéose survenait le jour de la libération. Certains en achetaient une au foyer, vierge, en kit, façon Ikea. Les plus artistes la sculptaient, la bichonnaient amoureusement. Je n'ai jamais pris goût au jeu de quilles.

À l'aube, avant toute festivité, le moment solennel : la montée des couleurs. Trois hommes du rang marchaient au pas, derrière le chef de poste. L'un d'eux portait religieusement le drapeau tricolore, plié aussi soigneusement qu'un paquet d'héro. Au son du clairon, les couleurs s'élevaient dans le ciel. En haut du mât, elles flottaient au vent, aussi visibles que le clocher d'une église. Plus tard, le maréchal des logis nous faisait mettre en rang, au garde-à-vous. Puis au repos. Un autre sous-officier arrivait avec une pile de lettres et appelait ceux à qui elles étaient destinées. Des mains se levaient. Je n'ai pas beaucoup reçu de courrier, à l'armée. Juste un collage que m'avait envoyé un collectif de copines ; un collage de lettres découpées dans un journal, comme pour une demande de rançon : « Pour notre valeureux soldat ». Valeureux, oui. Au volant de mon trente-huit tonnes, j'allais de caserne en caserne, livrer du matériel, vestiaires en métal, vêtements, rêvant à la prochaine permission... Comme un nomade, sur les routes de Touraine.

Le temps des grandes manœuvres est arrivé. On est parti dans la bucolique Sologne jouer à la guerre, grandeur nature. L'équipe rouge affrontait l'équipe bleue. C'était aussi faux que le tournage de *Platoon* mais toute l'idée reposait sur le fait que cela pourrait devenir vrai. Sait-on jamais. Visages grimés, on pataugeait dans l'eau d'un ravin jusqu'aux genoux, et on se tirait dessus à blanc. Pendant la fusillade, les officiers touchés ne mouraient pas, alors que, lorsqu'ils tiraient dans notre direction, ils nous achevaient en trois mots.

— Soldat Machin, mort !

Les officiers supérieurs avaient ainsi l'avantage d'être immortels, alors que les braves soldats avaient nécessairement tout faux, quoi qu'il arrive. Un petit jeu était offert par la France.

J'ai décidé à ce moment-là, comme quelques années plus tôt à Buckswood Grange je m'étais arrangé pour devenir prefect, d'essayer d'améliorer mon ordinaire. Ne me sentant pas dans mon assiette au milieu de la chair à canon, je me suis raccroché à l'idée d'intégrer le peloton des élèves gradés.

L'exam comprenait une première épreuve chronométrée de maniement d'armes, qui consistait à monter et démonter une vieille mitrailleuse. On m'avait tellement bourré le crâne, je l'avais tellement souvent démontée et remontée que je la connaissais par cœur, comme si je l'avais conçue moi-même. Un comble pour quelqu'un qui déteste les armes. Ensuite venait le maniement d'hommes en rangs serrés. Commander soixante mecs qui ne savent déjà pas marcher au pas, ce n'est pas gagné d'avance. En m'entraînant à cet exercice, j'avais éprouvé la sensation jubilatoire qui peut animer le militaire de carrière, modèle réduit du dictateur, imposant sa loi, usant et abusant du seul moyen à sa disposition : gueuler. Pendant l'épreuve, je me suis planté, donnant les ordres dans le désordre. J'ai piqué un fou rire sur la place d'armes. Par la suite, en voyant mes galons de sous-off cousus sur la manche de ma chemise, je me marrerais intérieurement.

Un jour, j'ai été convoqué dans le bureau du lieutenant qui m'a annoncé froidement, sur un ton monocorde, que ma grand-mère était morte.

— Vous avez quatre jours de permission exceptionnelle.

Cette nouvelle fut un vrai choc. J'adorais ma grand-mère, cette femme excentrique et drôle, dure d'oreille, qui entendait la sonnerie de la porte mais pas la musique à fond. Coiffée de son éternelle voilette grise, elle m'emmenait au Louvre pratiquement tous les dimanches, espérant me transmettre sa passion pour l'Égypte. Quand nous allions voir les grands classiques du cinéma comique, elle commentait le film à voix haute, sourde aux soupirs d'exaspération des autres spectateurs.

Je suis reparti d'un pas déboussolé vers le dortoir. J'ai ouvert mon casier métallique cabossé sur lequel était gravé, à la clé, « Allez, Platini ». J'ai remis mes habits civils. Instinctivement, j'ai vérifié que j'avais bien ma carte militaire en poche, ce précieux sésame qui me permettait de voyager gratuitement sur l'ensemble du réseau de chemins de fer français. Le voyage en train Corail jusqu'à la Bourgogne m'a paru très long. C'était le premier enterrement auquel j'assistais. Pendant la messe, dans une abbaye cistercienne, j'ai eu une crise de fou rire. Je ne pleure jamais, je n'ai que des fous rires.

Je ne suis pas rentré à la caserne.

Là, tout s'est compliqué. Passé le délai légal de huit jours, je suis devenu déserteur. Je pouvais être arrêté à tout moment par un flic, après un contrôle radio, ou par un douanier, à la frontière. La loi date de Napoléon Ier. Déserter en 1980, en temps de paix, ne présente plus le même excès de gravité qu'à l'époque où les guerres étaient monnaie courante. Et pourtant... Je squattais chez les uns, chez les autres car je savais que la maréchaussée pouvait venir à tout instant frapper à la porte de mon studio. Au bout d'un moment, j'en ai eu marre. J'ai eu envie de rentrer chez moi. Une force invincible pousse toujours l'oiseau à rentrer au nid. Inévitablement, alors que je dormais à poings fermés, rêvant peut-être, j'ai entendu un bruit. Une voix hurle : « Gendarmerie nationale ! » Des ombres défoncent la porte. Je n'ai pas le temps d'ouvrir les yeux, je suis menotté, sur mon lit. Puis démenotté quelques secondes, le temps de m'habiller avec ce qui me venait sous la main. Puis remenotté et emmené en fourgon cellulaire jusqu'à la caserne

Dupleix, pas très touristique, située à l'ombre de la tour Eiffel. Après un bref interrogatoire, le temps d'une prise de contact avec mon unité de rattachement, je suis enfermé dans une cellule dont les murs avaient été bâtis pour des poissons beaucoup plus gros que moi. Je pensais que ce serait pour quelques heures. Ce fut pour beaucoup plus. Ma sœur est venue me voir, m'apportant non pas des oranges mais un peu de lecture. Mon cas ne lui paraissait pas plus qu'à moi mériter un tel sort.

— Ce n'est pas très dansant, ici, me dit-elle.

Une expression de famille, qui nous faisait toujours rire.

Quelques jours plus tard, je traçais un sillon, tenu en laisse par deux gendarmes, au milieu de la foule des voyageurs de la gare d'Austerlitz, noire de monde, en pleine heure d'affluence. Menotté, escorté, une vraie esthétique de criminel. Après quelques heures de voyage dans un compartiment aux rideaux baissés et à la porte bouclée, j'ai réintégré la caserne du boulevard Thiers. On m'a aussitôt isolé, interdiction de parler à quiconque. Comme si j'étais contagieux. La cellule se trouvait derrière le poste de garde de l'entrée principale, gardée par définition vingt-quatre heures sur vingt-quatre. Un sous-off a noté mon nom en rouge dans le registre des entrées et sorties, véritable radiographie de la vie de la caserne. On m'a fourni une nouvelle tenue, un jogging bleu criard et des baskets dont on avait bien pris soin de retirer les lacets. J'ai eu un flash, j'ai revu Sid, dans son costume presque identique. *See you hopefully soon.* On m'a informé des modalités de mon incarcération, toute une série d'obligations auxquelles je devrais me plier. Aucun choix possible. Je me suis écroulé sur mon Mérinos en béton. J'étais vidé d'avoir tant attendu. Je me suis endormi comme une pierre.

Jusqu'à ce que le conseil de discipline statue sur mon cas, je suis resté confiné dans cet espace réduit, moulé, les objets qui faisaient office de meubles fichés dans le sol. Pas d'air, pas la moindre fenêtre. Une grosse lampe grillagée, minimum deux cents watts, était allumée vingt-quatre heures sur vingt-quatre, je ne savais jamais si c'était le jour ou la nuit. Enfin si. La journée était rythmée par les grincements de la barrière d'entrée. La nuit, le bruit se calmait. Je n'avais qu'une heure de sortie par jour, qu'ils appelaient « promenade », dans la cour, à l'écart des autres. J'en profitais pour fumer, tirant sur ma clope comme un dingue, l'achevant en trois taffes, me brûlant les poumons, ma dose pour les vingt-trois heures à venir. C'était le défouloir. La liste des objets interdits était très longue. Je n'avais le droit d'avoir ni briquet, ni gri-gri, ni doudou. Ma brosse à dents ne m'était prêtée que deux fois trois minutes par jour, selon les recommandations de l'Organisation mondiale de la santé. Au cas où j'aurais voulu en faire un usage inattendu, l'avaler par exemple.

J'ai eu envie d'écrire. Le chef de poste a fini par accepter de me fournir un Bic et son petit bloc de papier à lettres personnel qu'il avait acheté au foyer. Je me suis surpris à rédiger une nouvelle haineuse à mort, pleine de fiel, crachant ma bile sur l'armée, les militaires, l'autorité avec un grand A, l'injustice, la connerie humaine, la méchanceté gratuite, la lâcheté collective, la détresse du monde, la cruauté de la vie. Quel cirque. J'étais devenu un fauve.

Environ huit jours après mon arrivée, au petit matin, j'apprends que le conseil de discipline a décidé de doubler le nombre de jours qu'il me restait à effectuer, soixante-dix-huit au lieu de trente-neuf, et de me muter sur la base aérienne d'Orléans-Brissy. J'ai donc déménagé.

Finalement, je n'étais pas mécontent de vivre sur un tarmac dans le bruit des réacteurs et l'odeur du kérosène. Mon super-ami d'enfance F.X.B., crack ès aéroplanes, avait alimenté mes rêves de chevalier du ciel. Une vie magnifique s'ouvrait à lui, rien ne semblait lui résister. Le désert du Ténéré en décidera autrement.

J'ai vite déchanté.

La vie chez les soldats du ciel ne différait guère de celle que j'avais menée à Tours, chez les soldats du plancher des vaches. Les jours passaient, je comptais les heures qu'il me restait à tuer. Pendant ce qu'on appelle le quartier libre, j'allais boire, pour oublier, dans un autre de ces cafés pour soldats qui dégagent tous cette même odeur âcre de houblon et de sueur.

Nouvelle convocation chez l'officier de permanence. Nouvelle mauvaise nouvelle : mon père se trouvait entre la vie et la mort, à l'hôpital de Montpellier. J'ai obtenu une autre permission exceptionnelle, à quelques jours de ma libération définitive.

Moitié moins longue que pour la mort de ma grand-mère, le tarif étant de deux jours pour un coma, quatre pour un décès. J'ai foncé rejoindre ma sœur, moyennant plusieurs changements de train et attentes interminables sur des quais déserts, sous une pluie drue et glaciale. Les T.G.V. n'existaient pas encore. Nouvelle attente à l'hôpital, toute la nuit. Mon père, avec qui je n'ai jamais pu parler d'autre chose que de politique internationale et d'art, deux passions communes, ne se remettrait jamais tout à fait de cette attaque qui lui ôta le sens de l'équilibre. Il ne pourrait plus se déplacer seul, lui, ce grand indépendant, séducteur invétéré. Impossible désormais d'annuler tous ses rendez-vous pour satisfaire une soudaine envie d'aller voir un tableau de Titien, des fresques de Fra Angelico, de filer sur-le-champ à Venise ou à Florence. Il m'avait emmené une fois, à l'occasion d'un de ses voyages improvisés, visiter le baptistère d'une petite église de Sienne. J'avais glissé une pièce jaune italienne dans un tronc, une lumière hasardeuse avait éclairé, à moitié, une superbe sculpture de Donatello. Il répétait souvent et ses yeux lançaient des étincelles : « Je vendrais bien tout ce que je possède pour vivre à l'hôtel avec un Bonnard. »

Mon petit côté destroy se réveilla une nouvelle fois. Mes animal's spirits me soufflèrent de ne pas retourner à Orléans. Pour les quelques jours qu'il me restait à tirer, ils n'allaient pas m'emmerder. Eh bien si, et pendant un bout de temps. J'ai recommencé à vivre sans adresse fixe, sans faire de bruit. Incognito. Dans une valise. Avec l'argent que mon père continuait à me verser, histoire de déculpabiliser, j'avais largement de quoi subvenir à mes besoins en tout genre, satisfaire mes penchants et mes travers.

C'est pendant cette période où je bivouaquais comme un Touareg que j'ai rencontré Brion Gysin, sorte de touche-à-tout de génie, co-inventeur avec William Burroughs du cut-up, peintre et dessinateur, qui avait eu son heure de gloire dans les années 1960 à Tanger, véritable Hollywood des déjantés qui avaient réussi. Dans son palais transformé en restaurant, il recevait Keith Richards et Anita Pallenberg, Mick Jagger et Marianne Faithfull, Brian Jones, tout le gratin du rock'n'roll, en pèlerinage sur fond de musique marocaine. À l'époque où je l'ai connu, il était malade, diminué. Pour lui changer les idées, je lui concoctais de bons petits plats, riz au safran ou rôti de porc à la sauge, dans l'appartement qu'il occupait face au Centre Georges-Pompidou. Dans un de ses dessins de musées imaginaires, il avait crayonné le plan de Beaubourg bien avant sa construction. Comme s'il avait eu une hallucination, lors d'un de ses trips à l'acide. L'idée qu'un musée puisse ressembler à une raffinerie semblait complètement loufoque, délirante. Et pourtant. Contrairement aux visions catastrophistes échafaudées par George Orwell dans *1984*, qui sont restées lettre morte, le rêve de Brion s'est réalisé. C'est la meilleure preuve de son intuition exceptionnelle.

Je buvais ses paroles, en fumant un joint. Il me racontait comment lui était venue l'idée de sa fameuse

Dream Machine. La tête appuyée contre la vitre d'un autobus, en route pour La Ciotat, il avait fermé les yeux. Les ombres des platanes plantés régulièrement le long des routes du Midi défilaient dans sa tête. Pour recréer ces sensations planantes, entre ombre et lumière, il avait imaginé un cylindre percé de fenêtres tournant à l'intérieur d'un autre cylindre en plexiglas. Souvent, les découvertes les plus extraordinaires naissent d'une banale scène du quotidien. Archimède dans son bain, Brion dans son bus.

C'est lui qui m'a fait découvrir le « boiler maker », un cocktail hyperrustique et hyperdécapant. Pas le Bloody Mary du bar du Plaza. Le gros qui tue. Deux doigts de bourbon dans un petit verre d'un côté, une chope de bière de l'autre. Les bourbons s'enfilaient cul sec, mouillés d'une gorgée de bière. C'était le breuvage favori des ouvriers qui construisaient des cargos sur le port de New York. Brion y avait travaillé. Peut-être les hauts fourneaux de sa jeunesse lui avaient-ils inspiré l'idée de la raffinerie de pétrole.

C'est alors que Mitterrand, fraîchement élu, a pris la décision de dissoudre les T.P.F.A., tribunaux permanents des forces armées, un vestige gaulliste. Beau geste. J'ai demandé à un jeune avocat qui deviendrait bâtonnier, Francis T., de défendre ma cause. J'en avais marre d'être un paria. Je voulais enfin pouvoir bouger librement, avoir une adresse officielle, une note de téléphone à mon nom, pas vivre comme un dealer condamné à la Mobicarte. On est partis pour Orléans, dans la vieille Autobianchi A112 que mon père m'avait offerte, son ancienne voiture achetée à un avocat du barreau. Tout en roulant sur l'A10, j'espérais que cette coïncidence me porterait bonheur. J'avais le trac, on se présentait en candidats libres. Le retour en Autobianchi n'était pas garanti : je pouvais écoper de trois mois ferme, et y rester. Francis a plaidé, il a été génial, il a demandé la relaxe et le ministère public l'a suivi. J'ai donc effectué le retour avec lui, en Autobianchi.

Enfin libre. Libéré de mes obligations, de ma prison. Je m'étais arrangé pour que mon service dure beaucoup plus longtemps que prévu. Malgré moi. J'avais cru un peu naïvement pouvoir aller jusqu'au bout de ce trip qui n'était absolument pas fait pour moi. Il faut savoir reconnaître ses échecs... Je ne sais pas très bien à quoi sert le service militaire obligatoire. C'est une très bonne école de ping-pong. Aujourd'hui, quand on me demande pourquoi je joue si bien au tarot, je réponds :

— J'ai fait mon service militaire, en temps de paix.

5

C'est de la bombe !

Le téléphone sonnait dans le vide. Je patientais trois sonneries de plus. Quatre. Cinq. Toujours rien. À bout de nerfs, je raccrochais. Je regardais ma montre. Trois heures, merde, c'est pas une heure pour dormir !

Pour gagner du temps, je me rapprochais. J'allais m'installer sur un tabouret, au comptoir d'un café, situé dans une impasse du onzième arrondissement, derrière la place de la République, le dos et les reins en bouillie. Toutes les six minutes environ, je me levais, en morceaux, je descendais au sous-sol, je me précipitais avec mon jeton sur le taxiphone, je composais inlassablement ce satané numéro qui ne voulait pas répondre. Il résonne encore dans ma tête. Quand, deux heures plus tard, Momo se décidait à décrocher, c'était pour me dire, d'une voix enfarinée :

— Tout de suite, je ne peux pas. Dans trois quarts d'heure. Rappelle avant.

Alors que j'étais en charpie. J'insistais, sans résultat.

Il restait inflexible. Je poireautais, affalé sur le zinc, le maudissant tout bas. Croyant que j'avais chopé la grippe espagnole, le patron m'avait conseillé un grog. J'avais préféré un café sucré. Ç'aurait été de l'eau de Javel, je ne m'en serais pas rendu compte. Attendre, attendre, toujours attendre. Dans ce métier, on passe son temps à attendre. Comme sur un tournage, deux minutes d'action pour quatre heures d'attente. À l'heure convenue, après avoir rappelé et obtenu le feu vert, je remontais la petite impasse dont les pavés étaient sertis de gazon. Des artisans, un menuisier, un serrurier, un plombier, vaquaient dans leurs petits ateliers remplis de matières premières. Je grimpais les marches de l'escalier, trois à trois, quatre à quatre. Mes douleurs avaient miraculeusement disparu. Je sonnais. Momo, après s'être assuré de l'identité du visiteur – ma voix servait de mot de passe –, m'ouvrait. Il y avait une odeur, chez lui, indescriptible, pas très orthodoxe, coupée avec un produit ménager, qui pourtant me paraissait bon signe. J'étais enfin arrivé, l'héro n'était plus très loin. Momo me recevait comme si je lui rendais une visite d'amitié, dévoré par une sorte de culpabilité totalement déplacée. Le mec qui n'assume pas son petit commerce.

— Ça roule ?

J'abrégeais les réponses, m'exprimant par onomatopées.

— Hein, hein...

— Tu sais, je vais signer chez C.B.S.

Il faisait traîner les choses, me racontait les détails de son business qui n'était que du vent, un petit film dans sa tête, de science-fiction évidemment. Moi, retordu de douleurs, ne captant rien de ce qu'il débitait. Je devais la jouer fine, sinon il en remettrait une couche, par pur sadisme, me parlerait de son frère, de sa sœur, de sa mère, de sa grand-tante, là-bas, au pays... Je m'efforçais de trouver la bonne fenêtre de tir, comme on dit à la NASA, le moment opportun pour lui couper la parole.

— J'ai un taxi qui m'attend.

Enfin, il revenait sur terre, sortait d'un tiroir sa petite balance en bakélite vert céladon, modèle officiel de tous les dealers.

— Tu veux quoi ?

Je répondais d'un air étonné, comme si je n'avais pas compris la question, détournant les yeux vers les étagères recouvertes de gadgets décoratifs dégotés chez Paris pas cher, le fameux téléphone en forme de cabine de téléphone londonienne, un cendrier en forme de taxi new-yorkais... Une vraie salle d'attente de dentiste, la pile de *Paris Match* en moins.

— Euh... Un et demi.

Il disparaissait dans la pièce voisine. Je l'imaginais, glissant la main entre le matelas et le sommier de son lit. Il réapparaissait, les doigts repliés sur un petit sachet en plastique transparent qui laissait deviner l'ombre d'un caillou marronnasse.

— Tu vas voir, c'est de la bombe...

La phrase consacrée, qui ne veut pas dire grand-chose.

Il me tendait un petit carré de papier que je pliais mécaniquement en deux. Tandis qu'il pilait son caillou, j'en rabattais les coins, je le repliais en deux, puis rentrais les deux pointes pour le fermer. Je le lui rendais, il le posait sur la balance, le rouvrait, le tarait, puis y versait la poudre.

— Je t'ai mis une pointe en plus.

Encore une phrase bidon, qui sortait mécaniquement comme un coucou d'une horloge suisse, une de ces nombreuses phrases qui n'engagent que ceux qui veulent bien y croire. En fait, sur une vraie balance, pas trafiquée, il aurait manqué minimum trente pour cent de came. Au royaume de l'arnaque, les menteurs sont rois.

Je sortais de ma poche les mille deux cents balles qu'il me réclamait, en billets froissés. Je me faisais un rail, sur place, avec mon bout de paille de McDo, que j'éventrerais au cutter au bout de huit jours d'utilisation pour en récupérer le dépôt d'une semaine de consommation. Je prenais congé au plus vite, balançais « Salut, à plus », dévalais l'escalier cinq à cinq. Un peu inquiet de tomber sur un keuf qui se jetterait sur moi à bras raccourcis, je me hâtais de quitter l'impasse, sans un regard pour les artisans. J'étais bien, comme un fœtus dans le ventre de sa mère, envahi par un sentiment de douce chaleur cotonneuse. Comme sous l'effet d'une anesthésie générale. Je ne sentais plus rien. J'avais l'impression de peser vingt grammes.

Je rejoignais ma bande de complices pour qui j'étais allé faire des courses, leur livrant leurs parts du gâteau, allégées de ma commission qui était parfois considérable. Je n'y allais pas de main morte, surtout quand je n'avais pas de fric pour payer ma dose personnelle. Je taxais, comme on dit. Je pouvais raconter n'importe quoi, que ça s'était mal passé, que l'entrevue avait mal tourné, que je m'étais fait arnaquer ou piquer le fric qu'ils m'avaient confié, que je n'avais rien obtenu, tout ça en me grattant le nez, les pupilles en tête d'épingle, le portrait type du défoncé qui vient de sniffer de la bonne.

Ces scènes se renouvelaient tous les jours. « Le dopage continue pendant les travaux. » Je m'étais trouvé un drôle de métier. Un full time job. Chaque jour, trouver du fric, dénicher le supposé bon plan, être défoncé quelques heures. Puis recommencer. C'est tout un sport. Difficile d'avoir un autre job. Pas de cumul possible. Je ne savais pas trop comment j'en étais arrivé là, par quels détours. Mais j'y étais. Peut-être le vertige de la liberté, après le service militaire, m'avait-il angoissé. Les deux contrats de six mois que j'avais décrochés dans des agences de pub ne m'avaient pas vraiment permis ni de me structurer ni de me raisonner. J'avais dix-neuf ans. C'était l'âge d'or de la pub, un milieu bouillonnant, créatif, innovateur, insouciant, un brin superficiel, un peu en courant d'air, toujours entre deux fêtes. Du lancement d'un parfum aux remises de récompenses, les alibis professionnels ne manquaient pas. Considérée comme un moyen d'améliorer le potentiel créatif, de stimuler l'imagination, la coke circulait quasi ouvertement, chacun allait et venait, équipé de sa petite bouteille à doseur. En toute impunité.

Insensiblement, j'avais dévalé la pente. D'une consommation un peu mondaine, B.C.B.G., in and out, selon le programme des réjouissances, les fêtes étant toujours de bonnes occasions pour charger la mule, j'étais passé à une dépendance plus trash. Ma vie ne m'appartenait plus, confisquée par cette foutue poudre blanche, manipulée par les combines tordues des dealers, sorte de marchands du temple détenteurs des clés du paradis. Artificiel. Bidon.

Avec le dealer, c'est « Je t'aime, moi non plus ». On le déteste poliment. Chaque jour, on se jure de ne plus y foutre les pieds. Mais le lendemain, le terrible lendemain, comme l'écrivait Baudelaire dans *Le poème du haschisch*, on y retourne. Toujours et toujours. Le lien affectif est beaucoup plus fort entre la dope et le tox qu'entre le tox et le dealer. J'ai encore en haut d'un de mes placards une doudoune Michael Jordan offerte par Momo, une sorte de cadeau Bonux, pour fidéliser le client. Quand je ne l'appelais pas, inquiet de ne pas avoir de nouvelles, craignant de perdre un gros poisson, au cas où j'aurais décroché, c'était lui qui m'appelait. Pour réamorcer la pompe. Impossible d'arrêter. À part l'exil sur une île déserte, il n'y avait pas de solution.

Faire son marché dans la rue, c'était facile, ouvert vingt-quatre heures sur vingt-quatre, mais risqué à tout point de vue. Un plan de dépannage. Je me souviens d'un soir d'hiver. Momo à sec, rien à se mettre dans le nez. Avec un copain, on a décidé d'aller traîner à Pigalle, un des centres névralgiques de l'époque. Il était environ sept heures. On branche un mec, sur le trottoir, qui semble aux affaires. Il nous dirige vers un de ses adjoints qui nous dit que le boss est à Belleville. Départ vers Belleville. Après des palabres assez surréalistes, un troisième type finit par nous lancer ces mots terrifiants : il vient de gicler à Pigalle. Retour à Pigalle. Il était vingt-deux heures trente. On errait depuis trois heures et demie, le dos en feu, n'en pouvant plus, portés par une force invisible qui nous poussait à continuer. C'est ça, être accro. Si les sportifs mettaient la même énergie à s'entraîner que les tox à trouver de la dope, ils remporteraient tous la médaille d'or aux Jeux olympiques, ex aequo. Enfin, on a vu le bout du tunnel. J'échangeais contre quelques billets un petit sachet en papier métallique arraché à un paquet de cigarettes, plié et replié, très étanche, qui aurait pu endurer le Camel Trophy sans perdre la marchandise. D'instinct, je l'ai glissé dans ma bouche. Une seconde plus tard, j'étais ceinturé par quatre flics en civil qui avaient eu le temps de nous repérer et avaient assisté à la passation du butin. Instinctivement, j'ai avalé le paquet. Les flics m'ont fouillé, dans la limite de ce qui leur était permis sur un trottoir. Vexés de ne rien trouver, alors qu'ils avaient vu, de leurs yeux vu, la transaction, ils s'en sont retournés. En rentrant chez moi, je me suis mis trois doigts dans le fond de la gorge pour gerber et récupérer mon précieux petit colis. Je goûte, ça n'en était pas. Je ne risquais pas de m'étouffer.

Cinq heures dans la rue, cinq cents balles perdues, chaud au cul avec les flics. Tout ça pour rien. J'éviterais de renouveler l'expérience. Dans la rue, c'est la jungle, tous les moyens sont bons, la dope coupée avec du lactose, pour les plus fleur bleue, avec de la strychnine, de la mort-aux-rats même, pour les monstres. Merci bien. Seulement en cas d'extrême manque. À domicile, la marchandise est de meilleure qualité. La différence entre les produits de plein champ d'un primeur amoureux de son métier et le légume haché menu surgelé d'une grande surface.

Ce qui est terrible, ce n'est pas la dope en elle-même, on peut vivre jusqu'à quatre-vingts ans avec elle, comme en Chine, depuis des millénaires, mais le rapport au mensonge qui s'instaure, en parallèle. Avec les autres que tu roules plus ou moins, et avec toi-même. J'arrivais à me faire croire que tout allait bien, alors que je m'enfonçais jour après jour, alors que j'allais, au bord du gouffre, faire un casse chez mes parents, passant par le parapet de la façade, au risque de me vautrer un étage plus bas, défonçant une porte. J'ai déposé mon butin, une broche libellule en pierres précieuses, chez « ma tante », le « Crédit municipal de Paris », vestige du Moyen Âge, pour y obtenir de la fraîche sonnante et trébuchante.

Parfois j'apprenais qu'un de mes amis, un copain d'enfance ou un copain de copain, était mort d'overdose. Les mauvaises nouvelles ne m'empêchaient pas de continuer. C'était sauter à la corde dans un champ de mines. J'aurais pu y passer, moi aussi. Ma peur bleue des seringues m'a probablement sauvé la vie. Je sniffais et je fumais. Seulement. L'overdose ne guette que les junkies, ceux qui se piquent. Les doses ingurgitées, souvent plus fortes, passent directement dans le sang et peuvent provoquer de fatales complications. Je ne m'y suis jamais risqué. J'étais hypermaigre, ma pomme d'Adam ressemblait plus à une balle de tennis qu'à une balle de ping-pong. Ce n'était pas le Biafra, mais pas loin. Si le blé que les Occidentaux riches et stressés dépensent pour la dope leur revenait, ils seraient tous rondouillards, en Afrique noire.

De son côté, Andrée continuait de rêver à l'université américaine. Un jour où, tenace, elle remettait le sujet sur le tapis, à sa grande surprise, j'ai accepté ce beau cadeau de Noël. M'éloigner de tout ce cloaque, respirer un peu d'air pur ne pouvait pas me nuire. Je me suis envolé vers Boston, pour y perfectionner mon anglais. J'avais emporté quelques grammes, planqués dans ma valise. Le fou : si les flics me chopaient à la douane, c'était quinze ans de couloirs garantis. J'ai réussi à passer entre les mailles du filet. Les trois grammes ont fondu en deux jours. Rien qu'à l'idée de ne plus en avoir, j'étais déjà mal. Le manque montait d'heure en heure. Tant que tu en as encore dans le circuit, ça va, mais progressivement, l'horreur s'installe. Tu te décomposes, à l'image du loup de Tex Avery qui se fissure, tombe en lambeaux. À la fin, il ne reste qu'un petit tas d'os par terre.

Je logeais sur le campus, partageant une chambre avec un étudiant du Vermont, officier chez les G.I., qui préparait un master en Soviet Affairs. La guerre froide se réchauffait, pourtant. Un garçon assez ombrageux, très timide, brun avec des taches de rousseur, un physique d'Irlandais. Il parlait russe couramment et avait été approché par la C.I.A. tout à fait officiellement. Les services sont présents sur tous les campus pour y recruter leurs futurs agents parmi les meilleurs éléments. Mark passait son temps à bosser, il partait très tôt et rentrait assez tard, on se voyait très peu.

Mon état empirait jour après jour. Je ne pouvais parler à personne, je me traînais. Descendre un escalier, marcher droit, me coûtait autant que de gravir le mont Blanc en trottinette. Obnubilé est un mot léger pour traduire mon état d'esprit. Je ne pensais, ne rêvais que dope. Il faisait un froid cinglant sur Commonwealth Avenue. Le parc en contrebas était désert, tout enneigé, le lac gelé scintillait et le bâtiment du M.I.T. ressemblait à un glaçon géant. Je marchais en crabe, mon sac à dos sur l'épaule, comme tous les étudiants américains. J'écoutais sur mon walkman sport, jaune canari, *Sultans of Swing* de Dire Straits. La cafétéria de la fac me semblait être le seul endroit où j'avais une petite chance de nouer des liens, d'engager la conversation avec quelqu'un. La salle était immense, un écran géant barrait le mur, diffusant les programmes de C.N.N. qui faisaient office de méthode Assimil. Enfin une voix qui me parlait.

J'avais repéré un bar, pas très loin, en ville. Pour compenser, j'allais m'y réfugier le soir, tuer le temps, lutter contre l'insomnie, avalant n'importe quoi. Bloody Mary, bourbon, Bud light. Ce qui comptait n'était pas le goût mais l'effet. Être bourré, ne plus toucher terre, être dans un état proche du Colorado. Stone, quoi.

Ce jour de janvier 1986, sur le chemin de la cafétéria qui, pour moi, représentait le monde entier, je sentais flotter une excitation inhabituelle. De nombreux étudiants se pressaient et s'amassaient devant l'écran géant pour assister au décollage de *Challenger*. Pour la première fois, une femme de la société civile, une institutrice, participait à l'expédition. Sa classe avait été invitée pour fêter l'événement, ainsi que ses propres enfants. Quand l'énorme masse de la navette accrochée à sa fusée, comme un bébé singe au cou de sa mère, s'est arrachée de la terre, on a vu sur l'écran, en gros plan, les visages des enfants, émerveillés par l'exploit qui s'accomplissait sous leurs yeux, en live. L'engin montait, trouant le ciel. On a revu les enfants, quelques instants plus tard, la main en visière, cherchant à faire durer le plaisir, suivre la navette le plus longtemps possible, ne rien manquer du spectacle. Tout à coup, un bruit fracassant. *Challenger* explose, se désintègre en mille morceaux, feu d'artifice inattendu. Visages figés des enfants qui réalisaient qu'ils perdaient pour les uns, leur mère, pour les autres, leur maîtresse. C.N.N. repasserait les images en boucle pendant toute la journée. Dans la cafétéria, on entendait les mouches voler. Le traumatisme fut à la hauteur du spectacle. La fatalité s'acharne : après *Challenger* (et l'enquête révélera qu'il s'agissait d'un problème de joint), *Columbia* explose, en 2003, en pénétrant dans l'atmosphère. La conquête de l'espace renvoie l'homme à ses propres limites. Mais les Américains, comme tous les peuples qui souffrent, ont cette capacité à surmonter les coups durs par l'humour.

Need Another Seven Astronauts. Nous Avions Sept Astronautes, en version française. Quels furent les derniers mots de Christa McCullough, en embrassant son mari ? Tu nourris le chien, le chat. Je nourris les poissons. Où Christa McCullough allait-elle passer ses ultimes vacances ? *All over Florida.*

La catastrophe m'a remis d'aplomb, d'un coup, en une seconde.

Les universités américaines, en prise directe avec la société, sont de véritables laboratoires d'idées. Les entreprises viennent y puiser de l'huile de méninges pour pas cher. J'ai remarqué une affiche bien en évidence, au centre d'un des panneaux envahis par les petites annonces « à vendre, cherche, échangerais, perdu, trouvé... ». Un concours était organisé, pour le lancement sur le marché américain du petit briquet Bic, le fils de son père. Connaissant les ficelles du métier, j'ai eu envie de m'y frotter. J'ai entraîné un autre étudiant français, un copain avec qui j'avais fini par sympathiser, au rendez-vous fixé dans l'une des salles de l'université. Un délai de quinze jours était imparti aux candidats pour proposer une idée de campagne originale. Au cours d'une de nos soirées de brain-storming, toujours très arrosées, j'ai lancé une boutade. Elle a été retenue. Photoshop n'existait pas. Utilisant les moyens du bord, on a photocopié le grand briquet Bic. Puis on a fait une réduction, pour obtenir une image du petit. On a collé papa à côté de son fils sur une feuille 21 x 29,7. Et on a rajouté une bulle, comme dans les bandes dessinées. Le grand Bic disait au petit : « *Son of a Bic.* » Par un miracle encore inexpliqué, notre projet a remporté le prix de la fac puis le prix des prix de toutes les facs qui avaient participé au concours. Il me semble qu'on a reçu mille dollars chacun. Mais surtout, cette récompense m'a servi de cheval de Troie pour pénétrer dans la forteresse. Grâce à ce petit succès d'estime, j'ai pu rencontrer quelques fils et filles de capitaines d'industrie, très jet set, qui étudiaient à Boston University. L'une portait un prénom très californien, qui me faisait sourire : Summer.

Trois mois s'étaient écoulés depuis mon arrivée, je suivais mes cours de langue, de littérature, d'histoire, quasi normalement. Le manque restait lancinant, ça vous lâche pas comme ça. Mark, mon roommate, était décidément un ours mal léché, le nez toujours plongé dans ses manuels ou ses journaux. Sa puissance de feu au travail m'épatait. Un jour j'avais réussi à l'arracher à ses chères études pour l'entraîner dans un bistrot. En bon stakhanoviste, il a commandé une vodka. Un soir, vers vingt-deux heures, il pousse la porte de la chambre et me tend le journal local, le *Boston Globe.* Un entrefilet people annonçait que Silvester Stallone allait recevoir la plus haute distinction de notre illustre voisine, Harvard University. Atterrés à l'idée que ce qui paraissait comme le symbole de l'intelligence puisse honorer ce qui nous paraissait être le symbole de la beauferie, on a décidé d'organiser une manifestation de protestation. Je pensais qu'on serait vingt, mais grâce à quelques affichettes, au bouche à oreille et au réseau très bien organisé de Mark, on s'est retrouvés près d'une centaine à Cambridge, malgré le froid polaire, devant les portes magistrales du bâtiment Sécession qui abrite cette vénérable institution qu'est Harvard. Les manifestations, aux États-Unis, rassemblent généralement trente personnes qui piétinent en silence sur un parcours aussi long qu'une ronde de classe maternelle en brandissant deux pauvres panneaux de trente centimètres sur vingt. On est loin des défilés français du 1er Mai. Notre manif est apparue comme une émeute à la pakistanaise aux six flics dépêchés sur place qui ne comprenaient pas ce qu'on pouvait bien reprocher à ce brave Rambo. On s'est dispersés dans le calme et la bonne humeur, les pieds gelés. On avait fait suffisamment de bruit pour éveiller l'attention de la police de l'université. On a été convoqué devant un conseil de discipline.

Et re. Je me suis fait virer, une fois de plus, et inscrire sur je ne sais quelle liste comme troublemaker. Mark a eu des ennuis. Il a dû regretter la blague.

Retour un peu précipité à New York, en Amtrak. Blotti au fond d'un siège archiconfortable, j'ai à peine vu passer les quatre heures de trajet. De Boston, j'avais appelé ma cousine Ève.

— J'ai deux mauvaises nouvelles. Je commence par laquelle ?

— La deuxième.

— J'arrive chez toi demain.

— Ah ! Et la première ?

— Je me suis fait virer.

— Tu me raconteras...

À moitié américaine par son père, elle s'était installée à New York, non loin du musée Guggenheim, un an plus tôt. Elle étudiait l'art lyrique, tout en gagnant sa vie comme assistante d'un photographe de mode à la mode. Elle était bien enracinée dans le clan des Français expatriés à New York, qui exerçaient leurs talents dans la banque, la finance ou la diplomatie, et vivaient en vase clos, dans une sorte de bouillon de culture.

Quand ma grand-mère était empêchée, en visite en province chez d'autres de ses petits-enfants, c'était elle qui venait nous garder, à la maison, ma sœur et moi. Elle ouvrait la penderie et essayait une à une toutes les pièces de la garde-robe d'Andrée, tout en faisant ses vocalises. Un exercice sans doute aussi pénible à pratiquer qu'à entendre. Soûlant. Elle était aussi différente de moi que sa mère, pur jus, antimondaine, pouvait l'être de la mienne. Un peu à l'ancienne, très jupe longue et babies.

— Tu as une drôle de tête...

J'ai lâché le morceau.

— Je suis au bout du rouleau, là... Je n'en peux plus... Ça a été l'horreur à Boston. Je me suis payé une crise de manque carabinée... Rien que d'y penser, je me sens mal... Je ne m'en sors pas... Ça devient bête, à la fin.

C'était une des expressions favorites de mon père. Une de celles que je trouvais les plus justes. Il arrive un moment où continuer ne mène plus à rien. Dans ce cas précis, la formule s'appliquait à merveille.

Ève regardait par la fenêtre, en serrant les mâchoires. Le sujet était particulièrement sensible. Son frère, Stéphane, était mort d'une overdose un an plus tôt. Une des raisons de son départ pour New York.

Mon cousin, c'était comme un frère aîné. On avait passé toute notre jeunesse ensemble. Le week-end, quand il rentrait de pension, on allait naviguer sur le bassin du Luco, avec nos bateaux à moteur qu'on avait démilitarisés et transformés en engins psychédéliques. Et pendant les vacances d'été, on se retrouvait dans notre maison de Grimaud sans électricité ni téléphone. On s'éclairait avec des becs de gaz, ce qui paraissait assez martien à beaucoup d'hôtes. Stéphane pouvait marcher pendant des journées entières dans les collines, jouant les trappeurs, les chasseurs, les chercheurs d'or. Avec son couteau suisse à quarante-deux lames, il taillait des branches, fabriquait des frondes, sculptait des totems. On conduisait, sans permis, à travers les chemins tracés à flanc de colline, une vieille Méhari qui nous servait de brouette. On dépierrait le terrain, ce qui laissait le champ libre au motoculteur pour débroussailler et écarter les risques de feu, puis on transportait les pierres plus haut où on construisait des murs, suivant les conseils avisés du gardien italien, un ancien maçon. Plus tard, devenu premier assistant réalisateur, Stéphane économiserait de quoi s'offrir une traversée des États-Unis, d'est en ouest, une année durant. Il passerait ensuite deux ans, majoritairement seul, à retaper une vieille bicoque, une ancienne commanderie, que sa mère avait rachetée à l'état de ruine, en Touraine. Je l'ai vu en quelques mois fondre comme un morceau de beurre dans une poêle chaude. Il n'avait pas de blé. Il se débrouillait, personne ne savait trop comment. Nos chemins s'étaient éloignés, lui se shootait, moi je sniffais, chacun dans son monde, dans des univers différents. Il est mort à vingt-cinq ans, empoisonné. Le summum de l'horreur. Une vie qui se fracasse, comme celles des kamikazes japonais. « *Tora, Tora, Tora* », hurlent-ils, avant de s'élancer pour un dernier assaut. C'était le titre d'un film qu'il adorait.

Ève est sortie de son mutisme.

— Hillary... Tu vois qui c'est ?

— Hillary ?

Son fils avait, lui aussi, connu les affres de la dope. Il s'était fait soigner. Désormais tout allait bien. Il menait une vie de pacha, broker à Wall Street.

— Je peux l'appeler, si tu veux...

Il pleuvait. Les néons publicitaires projetaient une lumière psychédélique, diffractée par les gouttes qui ruisselaient sur la vitre. Le taxi circulait entre Central Park et les beaux immeubles de la 5e Avenue. Il s'est immobilisé devant un dais bleu roi. Le chauffeur a vérifié le numéro sur l'étoffe. J'ai réglé la course, posant un billet dans le tiroir prévu à cet effet. Un doorman vêtu d'un costume du même bleu que le dais m'a ouvert la porte, tout en déployant son parapluie géant. Je l'ai suivi dans le hall. Il a décroché son téléphone, m'a ouvert la porte de l'ascenseur, puis s'est engouffré derrière moi, a ouvert la porte de l'étage, me l'a tenue, et a attendu. Alors un majordome a surgi et s'est effacé pour me laisser entrer.

J'ai découvert une enfilade de pièces mal inspirées des salons de Versailles, digne d'un décorateur à cent mille dollars le mètre carré. Plus vizir que le vizir. Une porte en miroir vieilli prématurément à l'acide s'est ouverte. Une de plus. Une femme blonde, d'une cinquantaine d'années est apparue, vêtue de soie. Elle s'est approchée, traversant le salon où si je les avais comptées, j'aurais dénombré au moins trente lampes, toutes allumées. Elle m'a tendu la main. « Hillary, enchantée. » Je me suis écrabouillé de tout mon long dans un des coussins du jumbo canapé qu'elle me désignait. Elle a pris place en face de moi. Sur une table basse, dont le plateau était taillé dans une pierre semi-précieuse dont j'ignorais le nom, le pied orné de têtes d'aigle dorées à la feuille, scintillaient des verres et une carafe en cristal de Baccarat.

— Coca-cola, eau, bière sans alcool ?

No booth. J'ai choisi la bière, pour son effet placebo.

— Nous nous sommes installés ici, à l'époque où mon mari vivait encore, a déclaré Hillary, en balayant la pièce des yeux, semblant contempler sa propre réussite. Tout a été fabriqué par des artisans français.

Aux yeux des Américains fortunés, le made in France a toujours suscité une réelle fascination. Le succès qu'Andrée remportait aux États-Unis reposait en partie sur ce phénomène. Sauf qu'elle, elle avait du goût.

Voyant le peu d'intérêt que je portais à son intérieur, Hillary a recentré le dialogue sur le sujet qui m'amenait chez elle.

— Je vous ai préparé la petite brochure sur Hazelden.

Elle a glissé quelques commentaires.

— Ce qu'il y a d'original, c'est que parents et enfants font une cure. Chacun suit un cursus différent. Les enfants pendant deux mois, les parents pendant deux semaines.

Cette idée m'a beaucoup intrigué. C'était la première fois que j'entendais dire que les parents pouvaient avoir leur part de responsabilité dans la débâcle de leurs enfants, leur part de soins à recevoir.

Hillary insistait sur les excellents résultats obtenus par cette institution, spécialisée dans le sevrage de l'alcool ou de la drogue. J'hésitais. Je devais en parler à Andrée. L'idée que mon père puisse être intéressé ne m'a pas traversé l'esprit : il n'avait jamais rencontré le moindre de mes professeurs. Sauf ma maîtresse de C.P., une sublime Réunionnaise, dont il disait qu'elle « avait de la conversation ».

— Je sais que c'est une décision que personne ne peut prendre à votre place...

— Où est-ce ? demandai-je, pour meubler le silence.

— Dans le Minnesota, près de Minneapolis. Dans l'extrême nord des États-Unis.

Comme pour forcer ma décision, comme si elle sentait qu'il ne fallait plus grand-chose pour me convaincre, elle m'a proposé de s'occuper de tout, et même de m'accompagner. Les trois heures de vol ne l'arrêtaient pas.

J'ai avalé ma bière cul sec.

J'ai repassé, seul cette fois, toutes les portes qui me semblaient mener vers je ne savais pas encore très bien quoi. Une liberté nouvelle ?

Quelques jours plus tard, Andrée débarquait. Ses affaires la conduisaient à New York une fois par mois. Nous avons dîné en tête à tête, dans un resto français que j'avais choisi moi-même, uptown. Jusque-là, elle avait eu tendance à prendre les choses avec un mélange de naïveté, de méconnaissance, de volonté de ne rien voir. « Tu as l'air en pleine forme », me disait-elle quand j'étais défoncé. « Tu as une petite mine », me disait-elle quand j'étais à jeun, essayant de m'en sortir par moi-même.

En m'entendant évoquer le projet d'Hazelden, Andrée a affirmé que l'idée lui paraissait « fascinante ». Hillary s'est chargée des démarches. Il restait de la place, j'irais directement, sans repasser par Paris. Sur ses conseils, je me suis équipé comme un Esquimau, pour affronter le rude climat du Minnesota.

6

Nettoyage à sec

Pas de pompom-girls. Accueil discret, dans le hall de la NorthWest, sans tambour ni trompette. Sans flonflons. Juste une petite pancarte, tenue par un moustachu en parka matelassée munie d'une capuche bordée de fourrure, sur laquelle était écrit en lettres minuscule : Hazelden. Une vingtaine de passagers a convergé vers cette bannière non étoilée. Personne ne manquait à l'appel. Dehors, un vent glacial soufflait en rafales. On s'est réfugiés dans un school bus orange surchauffé. Le chauffeur a démarré. Derrière la vitre embuée, le décor défilait, flou, informe, fantomatique, tout en ombres chinoises. La route tournait. Je me suis assoupi.

Hazelden, au cœur de la banlieue nord-ouest de Minneapolis, ne ressemblait à rien de spécial extérieurement, un bâtiment moderne, sans étage ni ambition architecturale, blanc avec de grandes baies vitrées. Signalisation horizontale, sur le macadam, comme un tableau noir et blanc de Mondrian. Le bus s'est immobilisé sur le parking trop grand, presque vide.

Un staff très attentionné, très respectueux nous a accueillis, visiblement disposé à nous mettre à l'aise. J'apprendrais plus tard que tout le personnel, du cuisinier au counsellor, était constitué d'anciens tox. Pas moyen de les embrouiller. Ils connaissaient la musique. Par cœur.

Le directeur a cru qu'Hillary était ma mère.

— Non, non. Une amie.

Elle a commandé un taxi pour l'aéroport.

— Bon courage. Tout se passera bien.

J'étais très touché. Elle se serait quand même tapé six heures de vol aller-retour pour m'accompagner. Je ne me rendais pas encore compte qu'en Amérique, trois heures d'avion, c'est comme six stations de métro chez nous.

— Merci infiniment.

Tandis qu'elle s'éloignait dans son long manteau de fourrure, je n'ai pourtant pas pu m'empêcher de lui en vouloir, un instant, de m'avoir fourré dans cette galère sans nom, ce froid de gueux. Le projet me paraissait tout à coup insensé, au-dessus de mes forces. Viré de Buckswood Grange, de Boston University, un service militaire achevé dans la douleur, tout finissait toujours mal avec moi.

Visite médicale dans la demi-heure. Examen d'urines, prise de sang. Une seringue, je ne m'y faisais toujours pas, le calvaire. D'autres s'ensuivraient. « Rendez-vous tous les quinze jours », m'a précisé l'infirmière, parfaite dans son rôle. Un jeune homme à la voix rassurante, au sourire affable, m'a conduit dans ma chambre et présenté le roommate qui allait avec. John, c'était son prénom, m'a ignoré comme si j'étais l'homme invisible. Je n'ai pas bronché. J'ai défait mes maigres bagages, rangé ma tenue d'Esquimau dans la petite armoire en bois blanc qui m'était réservée, mon petit coffre-fort, mon seul coin d'intimité.

Après nous avoir répartis dans des groupes de travail de cinq, on nous a emmenés dans le parc planté de plusieurs espèces de conifères dont j'ignorais le nom, en anglais comme en français. Une construction se profilait au milieu d'une pelouse. On aurait dit une sculpture moderne. Un mur en béton blanc, très lisse, d'environ cinq mètres de haut, percé d'une fenêtre située à environ deux mètres vingt du sol. Derrière le mur, une petite échelle maçonnée. Le counsellor a donné les explications qu'on attendait tous. Chaque groupe de travail devait se soumettre à un test de confiance. Comme on allait passer deux mois avec nos quatre partenaires, être en relation permanente avec eux, il était indispensable qu'on puisse compter sur eux, avoir une confiance totale.

J'ai grimpé les degrés de l'échelle jusqu'au rebord de la fenêtre où m'attendait un autre membre du staff. Mes quatre partenaires avaient pris place en contrebas, se tenant les bras, se serrant les coudes.

Conscients de la lourde responsabilité qui leur incombait, malgré mes soixante kilos à tout casser, ils balisaient autant, en bas, que moi, en haut.

— Laissez-vous tomber en arrière. Vos quatre camarades sont là pour vous réceptionner. Vous pouvez compter sur eux.

J'y comptais ferme. C'était risqué. Si tu te tues pas, au mieux tu te casses le dos. Se laisser tomber en arrière était un geste contre nature, qui demandait un coup de pouce. L'assistant m'a poussé, comme l'instructeur qui t'expulse de l'avion pour ton premier saut en parachute. La chute m'a paru longue, le ciel en point de mire. Un saut de l'ange à l'envers. Comme convenu, j'ai été rattrapé par les quatre autres membres du groupe. On a échangé les rôles, chacun a sauté à son tour, les autres le réceptionnaient. En quelques minutes, les rapports ont été modifiés. C'était à la vie à la mort, désormais. Je n'étais pas là depuis deux heures et j'avais déjà eu ma dose d'émotion. J'avais failli me casser le dos, je m'étais fait des amis pour la vie. L'idée de cette entrée en matière me semble, encore aujourd'hui, extraordinaire par l'intelligence de sa mise en scène, la part de risque mesuré qu'elle comporte, la façon dont chacun est responsabilisé, son efficacité. Je me renseignerais par la suite, il n'y a jamais eu d'accident. Résultat garanti. Balèze.

Plus tard, on nous a réunis dans une salle de conférences, pour nous briefer sur le programme des réjouissances. Tous les matins, deux heures et demie de thérapie de groupe. Ensuite, déjeuner. Dans l'après-midi, séance à cinq, à huis clos. Puis sport : piscine ou base-ball. Je n'avais jamais rien compris aux règles du base-ball. Ce serait la piscine. Le conférencier a conclu en disant que la porte était ouverte, que si on avait envie de partir, on pouvait. Personne ne nous retiendrait.

Durant mon séjour, je ne verrais partir personne de son propre chef.

Pas un.

« *Sick and tired of being sick and tired* » traduisait parfaitement l'état d'esprit de ceux qui arrivaient là. Au bout du rouleau. Malades et fatigués de mentir, voler, galérer, courir après la dope ou l'alcool, pour un résultat pathétique. La technique pédagogique de la cure se résumait en une formule : *one day at a time.* Se dire à vingt ans : « Pendant les quarante-cinq ans qui viennent, je ne boirai pas, je ne snifferai pas, je ne me shooterai pas », c'est plombant. Il y a un côté condamné à mort. Le défi est écrasant, l'engagement démesuré, presque ridicule, surhumain. Par contre, se dire : « Aujourd'hui, je ne bois pas, je ne sniffe pas, je ne me shoote pas », le répéter jour après jour, semble un objectif beaucoup plus raisonnable, du domaine du possible. Habile façon de contourner la difficulté, de positiver. On ne parlait qu'en jours. C'était l'unité de mesure. On s'engageait pour la journée, pas plus. C'était déjà beaucoup. Une vie n'est qu'une addition de journées, somme toute.

À vingt-deux heures, très tôt, extinction des feux.

Pendant les séances de thérapie de groupe, chacun d'entre nous devait se présenter, tour à tour. « Bonjour je m'appelle Untel et je suis dry (à sec) depuis dix-huit jours. » Il fallait raconter une histoire qui nous était arrivée, un truc personnel, ce qu'on voulait, ce qui nous venait à l'esprit. Le lendemain, nouvelle séance. « Bonjour, je m'appelle Untel. Je suis dry depuis dix-neuf jours. » Dix-neuf, trente-cinq, quarante-deux... Un compte à rebours à l'envers. L'accumulation devenait un motif de fierté. Comme si, chaque jour, on battait son record personnel, on le pulvérisait même. Notre nombre de jours accolé à notre nom devenait une sorte de titre sur notre carte de visite. Franchir un palier, changer de dizaine, l'espoir grandissait. Le concept tapait en plein dans le mille : l'un des problèmes majeurs des toxicomanes est qu'ils n'ont aucune image positive d'eux-mêmes. Ici, on réinjectait de petites doses de confiance en soi, *piano piano*, *one day at a time.*

On était une quarantaine. Certains étaient venus de leur propre initiative, d'autres après y avoir été contraints par un juge. Pour eux, c'était la cure ou la prison. Leur séjour était financé par l'une ou l'autre des nombreuses fondations à vocation sociale qui existent aux États-Unis. Il y avait des gens de tous âges. Un pilote de ligne scandinave, alcoolique, la quarantaine sonnante, était l'aîné de la famille. Brian, lui, très gentil, frisé comme un mouton, arrivait de Washington D.C., sa guitare en bandoulière. Un jour, alors qu'il se rendait chez son dealer à cent à l'heure, la bagnole qu'il avait empruntée à son père sans le prévenir avait fini sa course dans le Potomac après une embardée et trois tonneaux. Une énorme cicatrice lui barrait le cou. Comme une crevasse dans sa gorge. Il avait dû avoir les cordes vocales sectionnées. Il parlait d'une voix d'outre-tombe. Comme une trompette bouchée.

Il n'y avait pas que des marginaux ou des gueules cassées. L'un des « pensionnaires », Jim, gérant de portefeuilles à Wall Street, gagnait par mois ce que très peu parmi nous gagnaient en un an. Le richeto de la bande.

Aucune fille, bien sûr, ce n'était pas un club de rencontres. Et puis, pour les filles, l'aventure est toujours moins grave, moins glauque. Soins intensifs pour les garçons, bobologie pour les filles.

L'ambiance, au cours des premiers jours, n'était pas très cool, lourde. Un peu agressive même, orageuse. Les nouveaux, sans marcher à reculons, se sentaient un peu contrariés. Travailler sur soi ne va pas de soi, au départ. La ligne d'arrivée paraît tellement lointaine. Et mon roommate, John, qui n'en sortait pas une. Je me disais tout bas : « Merde, je n'ai pas eu de bol. Mauvaise pioche. Je suis tombé sur un muet. » Moi qui suis assez tchatcheur, ça tombait mal. Derrière la cloison, j'entendais les autres discuter, partager ce qu'ils avaient vécu pendant la journée. Je les enviais. Et l'autre, couché sur le flanc, la tête face au mur, me tournant le dos, tétanisé, muré dans un silence de plomb.

Les séances se succédaient. L'atmosphère se détendait. Les angles s'arrondissaient. Les uns et les autres se livraient à tour de rôle. Étaient évoqués pêle-mêle des problèmes de rapport au monde, style quatrième dimension, la chronique d'un mal-être chronique, un coup de spleen pas idéal, un ennui latentissime, du stress professionnel à revendre, une homosexualité exécrée, le décès d'un père ou d'une mère. Beaucoup d'angoisse. Pas mal de manque d'amour. Il y avait toujours, dans le lot, une histoire qui nous permettait de comprendre, de nous identifier, de nous mettre à la place des autres. « C'est drôle, il m'est arrivé la même chose. » Ou « exactement le contraire ». De relativiser nos propres malheurs.

J'ai raconté l'épisode de la livraison à domicile, et d'autres souvenirs qui me revenaient de ma petite enfance, ce que j'appelle aujourd'hui, avec le recul, mon « histoire de penne ». C'était à la campagne, près de Dreux, j'avais un panaris. La bonne, qui ne tournait pas rond, brutale même, parfois, a mis de l'eau à bouillir, comme pour faire cuire des penne, et m'a plongé la main dans l'eau bouillante. Brûlure au troisième degré, les urgences, des bouts de bois stériles entre les doigts pendant des siècles... Et ce mois de juillet que j'avais passé à Grimaud, pompier volontaire, payé à l'heure, dormant dans un break Peugeot 204, une épave en guise de toit, mon père m'ayant fait interdire l'accès de notre maison par l'intermédiaire du gardien... Jamais rien en direct. Il avait tout de même eu la bonté de demander à un de ses amis de me laisser la jouissance de son épave qui pourrissait sur le parking du village, en plein soleil. Un ami de la fille du potier m'avait proposé de m'héberger, comme ça, sans me connaître, par pure gentillesse.

La plupart se prêtaient au jeu, chacun faisant de son mieux pour se libérer, se décharger, s'alléger. Ça chialait sec dans la chaumière, au moment fort du film. Les Kleenex pleuvaient.

Sauf mon roommate qui se levait, prononçait son nom, son nombre de jours. Et point.

Le soir, une fois par semaine, un ex-alcoolique ou un ex-tox, membre d'une des antennes de N.A. (Narcotics Anonymous) ou de A.A. (Alcoholics Anonymous), venait de Minneapolis témoigner de son expérience. Il nous racontait ce qui lui avait pourri l'existence : les mauvais coups complotés, les mensonges qu'il se débitait, la souffrance ou la peine qu'il infligeait à ses proches. Écouter ceux qui s'en étaient sortis, parler avec eux était un moyen supplémentaire d'exorciser le mal, en ouvrant des perspectives d'avenir radieuses, aiguille au beau fixe. Il fallait avoir été dry pendant au moins un an pour pouvoir faire une « lecture ». Avoir arrêté, sans pour autant pouvoir affirmer n'en reprendre jamais, selon le principe du *one day at a time*.

Avec mon roommate, on n'arrivait toujours pas à décoincer. Comme si on lui avait perfusé cinq pipettes d'huile Trois-en-un dans les rouages. Je persistais à essayer de communiquer avec lui, mais le silence continuait de régner.

On se reconstruisait par minitouches. Comme les petits cailloux du Petit Poucet qui finissent par tracer un chemin back home. Journées bien remplies, réapprentissage de la dignité. On nous obligeait à faire nos lits, à ranger nos chambres, à nous doucher, à nous laver les mains. Les gestes de base pour vivre dans un cadre agréable, être propre, ne pas puer le singe, tout ce qui contribue à donner une image positive de soi-même. La différence entre l'homme et l'animal, si énorme soit-elle, tient dans de très petits gestes. Qui a jamais vu un caméléon rire ou se brosser les dents ?

Te confronter à la réalité, remuer tout ce qu'il y avait d'empoisonné en toi. Le tout en t'interdisant de modifier ton humeur, par quelque moyen que ce soit. Pas la moindre goutte d'alcool, pas la moindre substance chimique n'était autorisée. Les repas étaient arrosés à l'eau, le tabac banni, coca et café sur la liste rouge. Un matin, je me suis réveillé avec une migraine de cheval. Je me suis pointé à l'infirmerie. Je m'attendais à ce qu'on me donne un comprimé de Nurofen. À ma grande surprise, en guise de pain-killer, l'infirmière m'a filé un sac de glace. *No chemicals.* Rien de chimique. À part la bouffe.

Je commençais à trouver l'endroit sympa. Nager me faisait du bien. La piscine était nickel chrome, la température de l'eau agréable, soixante degrés d'écart avec l'extérieur, la neige tourbillonnait derrière la baie vitrée. Je m'oxygénais dans le parc, recrachant un petit nuage de buée, foulant l'épaisse couche de neige, la sculptant des empreintes de mes grosses tatanes de trappeur. Le froid était toujours aussi vif. L'air glacé me brûlait le visage. Le Minnesota est peuplé presque exclusivement d'habitants d'origine scandinave, principalement suédoise, pas trop dépaysés par les moins trente ambiants. Le silence absolu renforçait l'impression de mystère que dégageaient les silhouettes sombres des sapins immobiles. Parfois, un oiseau égaré s'envolait.

Malgré mes efforts pour engager la conversation, mon roommate n'avait toujours pas proféré le moindre mot. J'insistais, un peu dans le vide. Je lançais une phrase. « Tonique, ce froid, non ? » Rien ne venait. J'enchaînais, faisant les questions et les réponses, monologuant comme Winnie face à Willie dans *Oh les beaux jours*, de Beckett.

« Vous avez gagné, au base-ball ? (Un temps.) Tant mieux. Ça aura été une belle journée, encore une. (Il déscratche ses baskets.) Tu me prêtes la cassette d'*Hotel California* ? (Un temps.) Il est là, ton peigne... La soupe au dîner, tu crois qu'elle était à quoi ? À ton avis ? (Yeux à droite.) Oseille ? (Yeux de face.) Estragon ? (Yeux à gauche.) Cornichon ? De la soupe à la grimace... (Sourire. Un temps. Fin du sourire.) C'est quoi, là, sur le mur ? (Il s'allonge.) Bah, c'est rien, une tache... Tu crois qu'elle y était hier ? (Il ferme les yeux. Temps long.) »

Et le mur me répondait : non.

On nous a emmenés en virée, au musée. J'étais ravi. Il y a un supermusée d'art contemporain à Minneapolis, downtown, le Walker Art Center. Des œuvres de Marcel Duchamp y étaient exposées, dont le célèbre porte-bouteilles acheté au B.H.V. en 1911. Minneapolis était la ville natale de Prince. Il y vivait toujours. Le feeling que j'éprouvais, en écoutant sa musique, retombait sur la ville, par ricochet, et, au-delà du Mississippi, sur sa sœur jumelle, St Paul. Je m'initiais même au base-ball, sans parvenir à piger toutes les subtilités des règles. Sur mon walkman sport, j'écoutais Police. *Every Breath you Take.* Patty Smith. *Horses.* Prince. *Purple Rain.* Il y avait une bibliothèque, je n'ai jamais demandé le chemin à suivre pour m'y rendre. Je préférais regarder les actualités sur C.N.N. ou les chaînes locales, le monde continuait à s'autodétruire, rien de changé, de ce côté-là. Messe à la carte. Pas pour moi. Pas baptisé.

Au bout de deux semaines, mon roommate est parvenu à me dire bonjour *(hello)* le jour, bonnesouar, le soir. Ça m'a amusé, ce clin d'œil, en français.

Certains suivaient la cure sérieusement, s'arrachaient intérieurement. D'autres se croyaient au café du commerce. Ce qui donnait une image juste de la personnalité de chacun : le petit maigre qui jouait au bon élève, qui voulait se faire bien voir par le juge pour échapper à la taule, le gros dur qui prenait le truc archi à cœur, fondait en larmes en évoquant ses souvenirs d'enfance et voulait amortir – c'était quand même assez cher. Et puis celui qui trichait, qui cachait de la dope dans sa chambre, qui se faisait gauler et expulser sans ménagement. Inadmissible. Un microcosme à l'image du monde.

Les séances en minigroupes, avec mes partenaires de voltige, ne donnaient pas tous les résultats escomptés, pour ce qui nous concernait en tout cas. Le côté intime était censé favoriser la révélation des scoops. Ceux-ci sortaient davantage à la grande réunion du matin, plus solennelle, bénéficiant d'une meilleure alchimie, et mieux encadrée. De temps à autre, un assistant poussait la porte pour vérifier qu'on ne jouait pas au poker menteur, tous les cinq.

Mon roommate se détendait peu à peu. Chaque jour, un mot de plus. Il poussa même jusqu'à en aligner plusieurs à la suite. Good. Dix. Night. Onze. Man. Douze. L'espoir de le voir un jour conjuguer un verbe suivi d'un complément augmentait. La température, elle, remontait. Trente-deux degrés Fahrenheit. Un soir, pour la première fois depuis que je le connaissais, il a pris la parole le premier. J'étais scié. Pour une fois qu'il attaquait un paragraphe. Le monde à l'envers. Il avait pris du speed ou quoi ? Il a déballé son histoire, assis au bord de son lit. Ça commençait comme un roman d'Hemingway.

— Tu sais, avant... J'adorais me balader sur la plage. J'avais repéré un coin très sauvage. Il y avait juste une petite cabane tout en bois... Un vieux pêcheur vivait là, tout seul, une gueule de bûcheron. Une armoire à glace.

Il a décroisé les jambes.

— J'allais le voir de temps en temps. Il était sympa.

J'imaginais le tableau, touchant, le vieil homme et l'enfant.

— On discutait, comme ça, de rien, en regardant la mer... On buvait du thé dans sa cabane...

Il a pâli. Les mots ne venaient plus aussi facilement.

— Un jour, il a voulu me montrer un coquillage... Il racontait qu'il l'avait trouvé à marée basse.

Ses yeux clignotaient, bizarrement aveuglés par la pâle lumière de la lampe de chevet.

— Il a fermé la porte.

Il s'est pris la tête dans les mains. Sa jambe droite tremblait, son talon martelait le sol recouvert de linoléum.

— Il m'a sauté dessus.

Il a poursuivi d'un jet, en mangeant ses mots.

— Il m'a arraché ma chemise, il a baissé mon short et il m'a violé...

Descente aux enfers de la vie réelle.

Il a repris son souffle, comme s'il était arrivé en haut d'un col à 2 000 mètres d'altitude.

— Je me suis sauvé, je suis rentré, je n'ai rien dit à mes parents...

Il a marqué une pause, comme s'il prenait le temps d'admirer le paysage, de là-haut

— Je suis retourné plusieurs fois discrètement à la cabane.

Sa voix était redevenue sereine.

— Ce jour-là, c'était l'heure de la sieste, il dormait par terre... Je me suis approché sur la pointe des pieds.

Il a donné un coup de pied rageur dans le vide.

— Je la lui ai massacrée, sa sale gueule.

Ses yeux exorbités reflétaient la violence de son geste. Entre *Shining* et *Délivrance*. Ça m'a fait froid dans le dos. Il s'est levé et s'est mis à arpenter la pièce de long en large.

— Je me sentais hypermal, je n'arrêtais pas d'y repenser, je n'avais plus envie de voir personne... C'est là que j'ai dérapé, je me suis mis à traîner dans la rue... J'ai commencé à me défoncer...

J'étais abasourdi. Il avait trimballé tout ça, tout ce temps. Je l'ai pris dans mes bras, ou c'est lui qui s'y est jeté, je ne sais plus. On s'est serrés très fort. J'ai senti une décharge électrique me parcourir la colonne. Il s'est rassis sur son lit. Il n'avait plus la même tête. Ses traits s'étaient détendus, sourcils défroncés. Je lui ai conseillé de remettre ça, s'il en avait la force, à la séance de thérapie de groupe.

Le lendemain, quand son tour est arrivé, il s'est levé lentement. Il s'est présenté, a donné son nombre de jours de la veille, plus un. Et d'un ton très calme, il a raconté son truc devant tout le monde, dans un silence de mort. Quelques détails en plus, une pointe d'humour en prime. « Je lui ai mis un de ces coups de pied dans les couilles, de quoi le mettre hors service. Pour toujours. »

Aucun livre ne pourrait être aussi instructif, donner une démonstration plus éclatante des effets positifs de la thérapie de groupe. La théorie, c'est comme la liturgie, c'est chiant. La pratique peut aller beaucoup plus loin. L'histoire de John était un cas extrême, un exemple vécu, borderline : pour lui, sortir ce qu'il avait sur la patate, c'était synonyme de sauver sa peau. À partir de ce moment-là, il n'a plus été le même mec. Il est apparu sous un autre jour. Un vrai gai luron.

Le plus beau de l'histoire, c'est que ce témoignage a incité les autres à se livrer. On avait eu la chance de vivre sa renaissance, son retour à la lumière, en direct. Expérience unique. Sans savoir où je mettais les pieds, d'instinct, en insistant, en voulant forcer le contact, j'avais versé le Destop.

Six semaines après mon arrivée, à quinze jours de la quille, Andrée débarquait dans un centre situé à deux cents kilomètres de là. Je n'ai jamais rien su des deux semaines qu'elle y avait passées. Rien n'a filtré. J'ai simplement cru comprendre qu'on apprenait aux parents à ne pas culpabiliser. Les enfants sont des êtres autonomes, leur vie leur appartient. À un moment, il faut couper le cordon. Attention au blé, qui constitue bien souvent le moteur du drame, le carburant du dealer. Rien ne peut remplacer l'amour. Si gâter ses enfants pour compenser l'absence, les retards, les oublis, les soucis les rendait plus gentils, plus solides, plus généreux, plus heureux, ça se saurait. Ça se crierait sur les toits. On se plante forcément à un moment donné, mais en donnant de son temps, de sa personne, on ne doit pas être dans l'erreur absolue. On n'éduque pas ses enfants par téléphone, ni par fax, ni par mandat postal.

Je n'ai revu Andrée qu'au dernier jour de la cure. Le counsellor nous a reçus, séparément, chacun vidant son sac de son côté, puis tous les deux, ensemble, lavant notre linge sale en famille. Nettoyage à sec. Comme pour une tentative de conciliation dans une procédure de divorce. Andrée avait été secouée par le programme des parents, c'était courageux de sa part d'y être allée. Elle paraissait un peu moins embrouillée qu'auparavant. Elle semblait, elle aussi, avoir fait un grand pas.

Peut-être qu'elle aussi se disait qu'elle aurait dû faire gaffe.

Un déjeuner a réuni les parents d'un côté, les enfants de l'autre. La maison avait mis les petits plats dans les grands. Un festin sans vin ni rhum dans le baba. Desserts au choix. Il faut avouer que la différence avec l'ordinaire était ténue, fine comme une feuille de papier à rouler. L'après-midi eut lieu, dans la grande salle de conférences, avec ce sens du cérémonial que personne ne peut disputer aux Américains, la remise des médailles. Nos petits oscars à nous. À l'appel de son nom, chacun montait sur l'estrade. Les parents étaient à moitié en larmes devant leur rejeton tout propre, tout beau, tout neuf de l'intérieur. Blanc-bleu. Certains filmaient, immortalisant l'instant, comme à *L'École des fans*.

Enfin, mon tour est arrivé. Le directeur s'est déclaré très heureux de me remettre mon diplôme.

— Vous êtes graduate de Hazelden. Vous faites désormais partie de l'Alumni Association, l'association des anciens élèves...

J'ai baissé la tête. Il m'a passé une médaille autour du cou, façon podium du marathon de New York. Elle ne pesait pas bien lourd. Un alliage bon marché, une forme ni ronde ni carrée. Mais pour chacun de nous, elle voulait dire beaucoup, on bombait le torse. L'air de rien, on en avait bavé pour l'obtenir. Même pas de bière sans alcool. Dessus était gravé, en relief, pas en creux : « *One day at a time.* » Avec un ruban bleu avenir, sans nuages. Je la perdrais assez vite, comme d'autres leurs alliances.

Puis le directeur m'a tendu un précieux petit livre relié luxe : *Comment arrêter la drogue en deux leçons et demie.* Si l'envie me prenait un jour de replonger, je pourrais toujours me pénétrer de la lecture de ses saintes paroles et rajouter un jour à mon actif. Andrée rangerait son propre exemplaire parmi ses livres de chevet, dans le bas de la pile, pour son aspect biblique, certainement.

Je me sentais soulagé de partir, vachement fier d'avoir tenu le coup, jusqu'au bout, pour une fois, mon premier vrai diplôme en poche. Dans une matière qui portait un drôle de nom, inusité dans mon vocabulaire jusque-là : abstinence.

J'étais devenu un numéro croissant. Une sorte de compteur kilométrique. Plus un chaque jour. L'idée de redescendre à zéro me tuait d'avance. J'avais eu un an de plus. La date de mon vingt-quatrième anniversaire était tombée pendant mon séjour. Un non-événement.

Le directeur m'a serré la main, terminant par un mot d'esprit.

— À jamais.

7

Western moderne

Quand je disais que j'avais une galerie sur la 57ᵉ, les gens me regardaient comme un grand jeune homme qui monte. Uptown. La 57ᵉ Rue regorge de très célèbres galeries d'art : Pierre Matisse au énième étage du Fuller Building, Lelong-Maeght, Robert Miller, rayon photographie. Je les laissais croire ce qu'ils voulaient.

Je rangeais ma chambre pour libérer de la place. Mon lit servait de banquette centrale pour se poser, discuter, faire des commentaires ou refaire le monde. La deuxième pièce de l'appartement dont les murs étaient recouverts de miroirs ne permettait pas d'accrocher le moindre dessin, je l'utilisais comme grenier, comme placard, comme remise. Aux vernissages, se pressait une foule d'invités, des copains, ma cousine Ève et sa garde rapprochée d'expats, des voisins du dessus, du dessous, prévenus à la dernière minute, des curieux bien informés, le petit fond d'amateurs de l'artiste dont les œuvres étaient exposées. Chaque artiste a le sien, un peloton de fans inconditionnels qui se trimballent de vernissage en vernissage. Il fallait jouer des coudes pour se frayer un passage tant l'espace était réduit, ce qui donnait une fausse impression d'affluence, d'opération réussie. Je disposais quelques cendriers et dressais un petit buffet : des cacahuètes et des jus de fruits. Pas d'alcool évidemment. Trois halogènes éclairaient maladroitement les œuvres. Le dernier visiteur parti, je refermais la porte et repoussais mon lit contre le mur.

Je dormais là, au milieu des œuvres, dans cet appartement que je sous-louais à une amie d'amis. Puis la vie reprenait son cours et chaque fois que je rencontrais quelqu'un, même un inconnu, même un débordé, pressé, stressé, je lui glissais quelques mots sur l'expo du moment. Et si, par chance, il manifestait le moindre intérêt, je lui donnais immédiatement rendez-vous dans « ma galerie sur la 57e » disais-je en lui glissant ma carte. Je le recevais après avoir à nouveau mis de l'ordre dans ma chambre, fringues sous le lit, livres empilés, corbeille vidée, en catastrophe. Parfois, il ne venait même pas. D'autres fois, visite sans suite, je regrettais qu'il ne m'ait pas posé un lapin.

Je montrais le travail de jeunes artistes (des artistes en début de carrière, pas forcément des poussins de l'année), croisés au hasard de mes virées en ville, au cours d'autres vernissages dans d'autres galeries, autour d'une frozen margharita dans un coffee shop de SoHo ou chez quelques copains amateurs d'art : New York est une ville assez touffue, les artistes pullulent, il y a plein de bonnes écoles qui forment à la fois à la pub, au design, au dessin, avec une approche beaucoup plus pragmatique qu'en Europe.

Ma première exposition était consacrée à un jeune sculpteur (il frisait la cinquantaine), spécialisé dans les assemblages de formes abstraites en résine de couleurs très vives, sur des socles en bois blanc. Un sous-Cobra. À la traîne de la peinture abstraite d'Europe du Nord des années 1960. À cette occasion, j'avais fait paraître une pub sur la quatrième de couverture d'un magazine français d'art contemporain sur laquelle était écrit : *by appointment only*. Genre grand genre.

Par la suite, j'ai donné sa chance à une jeune (au sens propre cette fois) Française qui réalisait des peintures sur bois, représentant des images mentales de haie d'herbe ou de feuilles, des formes introuvables dans la nature, juste ce qu'il reste de la vision de la haie au sortir d'un rêve. Elle était venue me présenter sa tête, son book et un original d'une de ses compositions. Chaque petit tableau était niché dans une boîte sur mesure, en bois, faite maison. Pas maniaque, la fille. Plus tard, j'ai montré un artiste qui devait beaucoup admirer les actionnistes viennois et peignait des tronches sanguinolentes, genre sang à tous les étages, des visages défigurés qui semblaient souffrir le martyre. Ni gai, ni commercial. La vie est suffisamment dure comme ça, surtout là-bas, pour ne pas avoir envie d'être attendu par un de ces personnages chez soi, le soir, de retour d'une journée pénible et harassante.

Je ne le referai pas. Mais bon, il faut bien commencer. L'œil est comme un muscle. Il a besoin d'entraînement pour devenir de plus en plus performant. Je construisais en amateur des bombes atomiques !

Je n'ai plus jamais entendu parler d'aucun de ces artistes. Pourtant je lis la presse spécialisée. Les bons artistes, il y en a toujours eu très peu à travers le monde, des grottes de Lascaux jusqu'au fin fond de la Papouasie. Ce n'est pas parce que la civilisation a gagné du terrain qu'il y en a davantage.

J'avais les mêmes besoins qu'un écrivain. Juste un Bic et une ramette de papier blanc pour rédiger mes factures à la main. Système D, de A à Z. J'ai connu quelques inévitables mésaventures, soucis compris : une artiste belge m'avait soi-disant envoyé quatre tableaux qui ne sont jamais arrivés. Pour qu'elle arrête de me tanner, j'ai préféré la rembourser. L'affaire du siècle pour elle, jamais je n'aurais vendu les quatre tableaux, un tout au plus. M'inspirant de l'exposition d'Yves Klein chez Iris Clert, sur le thème du vide, j'ai donc exposé ses tableaux invisibles, les plus difficiles à transporter. Tableaux invisibles, factures invisibles. Je leur en ai mis plein la vue.

On était loin du star system. Pas géographiquement mais financièrement. Les galeries américaines disposent de méchants moyens pour travailler. Les espaces d'exposition sont gigantesques, parfois plus grands que certains de nos musées de province. Les galeristes sont prêts à découper un bout de toit, pour satisfaire les désirs d'un artiste qui, pour les besoins de son œuvre, exigerait qu'on voie un pan de ciel au-dessus. Grands ektachromes, luxueux catalogues, cocktails grandioses. Mme Coca-Cola hésite devant un mobile géant de Calder. Oncle Pepsi préfère une sérigraphie sur toile d'Andy Warhol représentant une chaise électrique. Un aréopage de jeunes hommes sur leur trente et un courent en tous sens, catalogues sous le bras, sélectionnant leurs proies, s'attaquant aux seuls clients susceptibles d'acheter une œuvre estimée à plus de cent mille dollars. Aux États-Unis, il existe un véritable marché que se partage un paquet de collectionneurs blindés. Tout est privé. Pas de ministère de la Culture. Juste Pepsi et Coca-Cola. Les clients ne se décrètent pas. En France, l'argent dépensé par l'État pour acquérir des œuvres à des prix fous, histoire de se substituer aux collectionneurs introuvables, genre subventions agricoles, constituerait un bien meilleur investissement pour l'avenir s'il était utilisé pour former les enfants à l'art, dès le plus jeune âge. Les mioches n'y sont pas du tout réfractaires, ils adorent aller visiter les musées. L'art contemporain souvent fait de bric et de broc ressemble à un alphabet pour enfants.

Chez moi, on était plutôt en train de courir après un clou. Le marteau avait une fâcheuse tendance à se laisser recouvrir par quelques piles de catalogues. Je composais les listes de prix à la main, de ma plus belle plume. Jamais plus de deux zéros. Quelques points rouges autocollants traînaient dans un tiroir, prêts à bondir. Ce n'est pas pour frimer, mais l'assistance n'avait pas l'air de plus s'ennuyer qu'ailleurs.

Le business s'est mis à tourner un peu, grâce au bouche à oreille. Une ligne et demie dans le *Village Voice*, mon numéro de téléphone mentionné, suivi de trois mots élogieux. Mon répondeur se déclenchait plus souvent. Entre quelques erreurs de numéro, quelques vrais messages « professionnels ». J'ai eu un peu plus de monde, deux visiteurs et demi par jour en moyenne. Ça n'a jamais été l'émeute devant la porte. Je m'efforçais de regrouper les rendez-vous pour ne pas avoir à faire le ménage tous les jours. C'est ce qui s'appelle être organisé.

Andrée avait repéré quelques dessins chez moi. Elle avait dit à un couple de lawyers fortunés dont elle avait décoré l'appartement qu'elle pensait qu'ils iraient bien dans le couloir, là. Ils sont passés à la « galerie ». Ils m'ont salué, du coin de l'œil droit, chargé des relations extérieures, l'œil gauche rivé sur la trotteuse. Ils n'ont même pas regardé les dessins. Andrée avait dit que ça allait, ça allait. Point. Je suis allé livrer les chefs-d'œuvre dans leur appartement sur Park Avenue. Décoré par une pro. Sans l'ombre d'une touche personnelle. Ils avaient immortalisé à coups de Polaroid la mise en scène qu'à leur demande Andrée avait composée sur la tablette de la salle de bains, avec le rasoir de monsieur, la crème hydratante anti-âge de madame, le couple de brosses à dents. Pour bien tout remettre à la bonne place après utilisation, même leurs verres à dents. C'est fou, d'en être là. De vrais intuitifs ! On avait envie d'enlever ses chaussures à l'entrée, comme dans une mosquée, pour ne pas salir la moquette blanche à poils longs, immaculée. Ils ont dû faire venir une équipe de spécialistes en accrochage de dessins pour la modique somme de quelques centaines de dollars, taxes incluses. Je ne voulais pas avoir à supporter la responsabilité d'un éclat dans le mur, là. J'ai rédigé ma facture, à la main, forçant sur les prix quand même. Livraison gratuite. J'ai pu payer l'impression des cartons pour l'exposition suivante.

Que je me sois lancé dans le milieu de l'art, après la cure à Hazelden, en état de marche, la tête à l'endroit, n'a rien d'étonnant. J'avais été à bonne école : à la maison, on devinait à peine la couleur des murs tant il y avait de tableaux, un vrai accrochage dix-huitième. Mon père était une huile dans le milieu de la peinture. Ses éditions d'œuvres lithographiques se vendaient dans le monde entier. Il fréquentait et collaborait avec de nombreux artistes très connus : outre Bram Van Velde, Jean Tinguely, Niki de Saint-Phalle et Pierre Alechinsky... À New York, on me disait : « Vous êtes le fils d'Andrée Putman ? » En Europe du Nord, on me disait : « Vous êtes le fils de Jacques Putman ? » À croire qu'ils s'étaient partagé le monde. Et moi, je répondais :

— Oui, très éloigné.

Mon père, s'il était nul en éducation « normale », m'a donné des clés pour connaître et essayer de comprendre l'art. Au cours des jeux de devinettes qui consistaient à reconnaître l'auteur d'une toile, il nous commentait les styles de ses artistes favoris, employant des termes dont le sens nous échappait parfois. Il y mettait tout son cœur, ses yeux noirs lançaient des éclairs. Des bronzes de Messagier arrivaient à la maison, encore chauds, tout juste sortis de la fonderie Valsuani. Le jeudi, j'accompagnais papa chez le lithographe, Badet, rue de l'Ouest. J'étais impressionné par le travail qu'il accomplissait, la taille et le poids des pierres, le passage successif des couleurs, un exercice à la fois titanesque et délicat. Chaque après-midi, au retour de l'école, mon père m'envoyait à la poste de la rue de l'Éperon expédier quelque tube renfermant ses ventes du jour. Il me laissait la monnaie, en guise de pourboire. En bon marchand, il veillait à ce que tout soit bien signé, le moindre essai, le moindre bon à tirer. Sait-on jamais. À chaque nouvelle série d'estampes livrées par Badet lui-même, Bram Van Velde venait apposer sa signature, en bas, à droite de chaque feuille que je numérotais, en bas à gauche, au crayon de bois.

On n'avait jamais l'impression que papa travaillait. Toujours à la maison, quelques rendez-vous dans le salon, déjeuners bien arrosés, sieste obligatoire. Entre ma mère qui était workoholique, angoissée de voir arriver le dimanche, à l'idée de ne pas aller au bureau, et mon père qui ne rêvait que de ne rien faire, qui pouvait regarder un tableau pendant trois heures sans bouger, j'ai mis longtemps à trouver mon propre rythme. J'ai préféré suivre la voie tracée par Jacques.

Moins fatigante, moins d'heures de présence au bureau, plus de moments d'absence face à un chef-d'œuvre. La rigidité est une notion que je n'aime pas en général, appliquée aux horaires encore moins.

Dans une œuvre, il y a toute la vie, toute l'intelligence, toute la pensée, toute la philosophie, toute la sensibilité de l'artiste. Tous les ingrédients de la conscience humaine s'y réfléchissent. C'est le plus beau, le plus riche des langages. Il n'y a qu'à voir et écouter. Espérer entendre. Ce n'est pas donné à tout le monde. Je me souviens, dans un musée, être tombé à la renverse devant un tableau de Cy Twombly. La personne qui m'accompagnait a dit :

— Mon fils pourrait faire pareil.

Alors que c'était sublime. C'est fou de n'avoir que ça à dire. Certains aveugles sont plus sensibles à l'art que d'autres qui voient.

Si mon père m'a ouvert les yeux, initié à l'art, par contre, quand je me suis lancé sur ses traces, il m'a laissé voler de mes propres ailes. Je ne me souviens pas qu'il m'ait jamais posé la moindre question sur ce que je pouvais trafiquer, de l'autre côté de l'Atlantique.

J'étais cleanissime. Rien, pas un ballon de rouge, pas un pruneau à l'armagnac, pas une larme d'alcool. Ni quoi que ce soit d'autre. J'étais à l'eau. J'étais porté par la vague Hazelden, le compteur continuait de tourner, *one day at a time*. J'allais tous les matins à la réunion de Alcoholic Anonymous, Upper East Side, écouter le témoignage d'un repenti, dans une salle attenante à une église. L'endroit déjà me stressait. Les églises, pour moi, étaient réservées aux enterrements de mes proches. J'étais redevenu outpatient, non plus membre d'un groupe de musiciens imbibés de Londres, mais membre d'une troupe de maîtres chanteurs clean qui menaçaient de me remettre le compteur à zéro en cas de dérapage.

On m'avait affublé d'un tuteur, un retraité qui avait tout arrêté depuis longtemps, des années et des années. Il se présentait en déclinant son nombre de jours. Un nombre à quatre chiffres. Tous les après-midi, on se promenait dans les allées de Central Park, il me rabâchait les valeurs maison, essayait de m'aider à continuer à envisager la vie sans boîte de chimie 2000, appliquant les leçons reçues à la lettre. L'idée de te diffuser en permanence des images clean, de t'encadrer par des gens clean avait un côté zone démilitarisée. Proche du lavage de cerveau. Entendre répéter sans cesse les mêmes préceptes, se faire expliquer inlassablement, comme un disque rayé, que si tu bois un verre, tu n'en as plus pour longtemps, c'est soûlant. Ça peut finir par bouffer la vie. En tout cas, la tête.

Je cherchais du regard les écureuils dans le feuillage des ormes, pour me distraire et teinter d'une petite note bucolique les graves sentences de mon tuteur. Au bout d'un moment, je décrochais. Il pouvait dire ce qu'il voulait, c'était peine perdue. J'essayais de changer de sujet. On finissait par parler de la pluie et du beau temps. Puis on se séparait, devant la grille du parc. Je m'éloignais, en tirant sur ma clope. Le tabac n'était pas inclus dans le prix de Hazelden.

J'avais acheté une moto, une Harley, une vieille Sporster d'occasion. Personne n'a de moto à New York. Ni de mobylette. Les coursiers font leurs livraisons à vélo, se faufilant en plein trafic, des musclors en surpuissance, libres de leurs mouvements, s'amusant à suivre des itinéraires torrides, sortis de leur imagination ou de leurs fantasmes, incluant des incursions sur les trottoirs, des passages en sens interdit, des virages à angle droit, roue arrière bloquée. Du V.T.T. urbain.

C'était sport de circuler en moto à Manhattan. La chaussée était en très mauvais état, il paraît que la situation s'est améliorée depuis. On pouvait facilement tomber dans un trou et quasi disparaître. Il fallait rouler à la même vitesse que les voitures, suivre leur flux infernal, pour éviter d'être fauché. Et quand, à fond de train et sirènes hurlantes, surgissaient les pompiers, se garer au plus vite, sur le côté, moins par civisme que par instinct de survie, le sang glacé dans les veines. Je m'amusais à prendre le départ, sur la même ligne que les taxis jaunes, grands fêlés du macadam. Dès que le feu rouge passait au jaune, je faisais vrombir le moteur, prêt à lâcher les gaz et la poignée d'embrayage. Grâce à un meilleur rapport poids-puissance, je prenais l'avantage à tous les coups. Un jeu à la James Dean, en pleine fureur de vivre.

Une étrange menace pesait sur la ville. Les armes en vente libre créaient un appel d'air. Un vent de folie soufflait par rafales, échauffant les esprits, emportant tout sur son passage. Chaque jour, plusieurs meurtres étaient commis, relatés dans le détail par les chaînes de télévision locales ravies de l'aubaine audimatique. Reporters dépêchés sur place, façon correspondants au Vietnam, images en boucle, interruption de programmes, dramatisation maximum. Le spectacle était permanent. Sur le câble, il y avait même des chaînes thématiques spécialisées dans les faits divers, si possible en direct, qui se délectaient d'histoires gore et plus, si affinités. Il semble qu'en ce domaine, rien n'ait vraiment changé.

Affalé dans un canapé moelleux, tandis que les murs tremblaient au passage d'une rame de métro, je voyais la télé vomir des images de l'assaut donné par les forces spéciales de la police, casquées et enserrées dans des gilets pare-balles, comme des Ninjas, pour libérer un pauvre patron pris en otage par un de ses employés dont il voulait se débarrasser. Dans ces conditions, le cocooning n'était pas garanti. Loin de là.

Ces images apocalyptiques s'enracinaient dans les têtes, hantaient les esprits, créant une sorte de psychose dont les effets secondaires pouvaient attaquer le système nerveux. Parfois j'avais l'impression de vivre un cauchemar les yeux ouverts. C'était flippant. Les quartiers chic n'étaient pas épargnés, un pépin pouvait se produire sur la 55e Rue, pas seulement à Alphabet City ou à Harlem. Hier comme aujourd'hui, ce n'est pas que chez les pauvres et les Noirs qu'on se fait démolir. Personne n'est à l'abri d'une tuile (même si ce matériau n'est pas très utilisé dans la construction des gratte-ciel).

Un fil était tendu à l'intérieur de l'église. À trente mètres de hauteur, une silhouette à vélo pédalait sur un câble. Un balancier effectuait un mouvement lent et régulier, de haut en bas. Philippe Petit, le plus grand funambule au monde, traversait la nef. Le cadre insolite lui donnait des allures de nouvel envoyé de Dieu sur terre. Même si tous les espaces semblent incongrus pour se déplacer à trente mètres au-dessus du sol, sur un vélo ou même à pied. N'être qu'à trente mètres du sol lui paraissait un jeu d'enfant. Pas plus compliqué que pour le commun des mortels boire un lait-fraise. Il avait franchi les chutes du Niagara, rejoint les sommets des Twin Towers, à quatre cent quinze mètres de hauteur, cent trente pas à parcourir au-dessus du vide, en souriant. Et bien d'autres folies de ce genre à travers le monde entier. En le voyant progresser, perché sur son câble, j'avais froid dans le dos. Je pouvais à peine le regarder tellement j'avais peur pour lui. En même temps, j'étais fasciné. Il me renvoyait l'image de mon propre péril. Tel un funambule, j'étais en quête d'équilibre, dans un état de stabilité précaire, un fil tendu sous les pieds, sans filet Pas droit à l'erreur.

Je passais la soirée chez une copine anglaise, ancienne mannequin, assez accro, style « les chargeurs réunis ». Je ne l'avais pas vue depuis Halzeden, on se racontait nos petites vies respectives, devant un verre de soda. Et patati, et patata... Tout à coup, elle décroche son téléphone, compose un numéro, prononce un code au nom innocent de Peter Pan, raccroche. Une heure plus tard, l'interphone sonne et se présente un coursier black, vêtu d'un blouson flashy et d'un cycliste noir. Il sort d'une grande gibecière un porte-documents divisé en pochettes transparentes contenant trois types de coke, cinq types d'herbe, six types de shit, méticuleusement rangés. Je n'en croyais pas mes yeux. Après avoir porté notre choix sur du népalais, un peu de sun similia gold, dix grammes de l'un, vingt grammes de l'autre et cinq grammes de coke, tandis que Nathalie cherchait son sac des yeux, j'ai lancé :

— Laisse. Je t'invite.

Le coursier s'en est allé, billets verts en poche, en nous prévenant que le code allait changer la semaine suivante. J'étais sidéré du sérieux du service, de la qualité des produits. Un vrai trois-étoiles ambulant.

On a commencé le festin sans tarder. J'ai roulé un joint avec le népalais qui était si tendre que j'avais l'impression qu'en le pressant, il en sortirait de l'huile. J'ai laissé Nathalie l'allumer. Elle me l'a repassé. J'ai tiré ma première taffe, depuis des lustres.

Décidément, les livraisons à domicile m'apportaient toujours de drôles de paquets, sans rubans autour mais qui me collaient des nœuds dans la tête.

Tandis que je sniffais un rail de coke, je me serais bien passé de voir mon visage se refléter dans le miroir de la table basse. En plein déraillement. D'une main tremblante, j'ai tendu à Nathalie la paille roulée à la hâte dans une page arrachée à un vieux numéro d'*Esquire*. Elle ne me reconnaissait pas, moi qui avais toujours été le plus « gourmand ». Quand les autres prenaient un ecstasy, moi j'en avalais quatre. J'ai même été jusqu'à huit d'un coup. Me voyant plus hésitant que d'habitude, troublé même, elle tentait de me réconforter, ne trouvant rien d'autre à sortir que les formules de circonstance les plus éculées.

— Ne t'inquiète pas. Ce n'est rien. Rien qu'une fois, me disait-elle d'un ton faussement naïf, pas franchement à l'aise.

Cinq minutes plus tard, la dope aidant, on n'y songeait plus. L'incident était clos. La brèche était rouverte.

Je m'étais pris la tête pendant deux mois à aller en cure, je ne buvais que de l'eau pétillante depuis trois mois. Je commençais à sortir la tête de l'eau, je vendais quelques œuvres, j'exposais de petits dessins au crayon de Jean-Michel Basquiat, des croquis très enfantins, très instinctifs, réalisés à la va-vite, qu'il m'avait confiés et que je cédais pour quelques dollars, j'avais une copine, une superbe Black, qui chantait du gospel dans les églises de Harlem, très généreuse. Tout allait bien. Alors ? Je ne supporte pas ce genre de situation. Les plaines de la Beauce, ce n'est pas mon truc. Je me sens mieux quand il y a du relief. *Sympathy for the Devil.*

C'était vraiment un don chez moi d'y retourner chaque fois. Cette capacité à se foutre dans la merde. Alors que le plus dur était fait. Je n'étais plus accro physiquement. Le corps récupère assez vite. Mais la tête... Il y a la tête et les jambes ! Aucun événement personnel ne m'a poussé à replonger. J'y suis allé tout seul. Comme un grand. *Back to my roots*. Comme disent les pilotes de ligne, les trous d'air les plus redoutables n'arrivent pas quand le vent souffle ni quand la tempête gronde mais quand le ciel est bleu azur et qu'il n'y a aucun signe précurseur.

Oublié, le compteur, pulvérisé. Finies les réunions A.A., N.A. Je n'ai jamais rappelé mon tuteur. J'étais parti en vrille.

J'ai demandé à Nathalie le numéro de téléphone du service de livraison à domicile. Confort moderne. Sans risque. Je suis devenu membre du club. Un truc très à la mode à New York. La came arrivait à la galerie, sur commande, comme sur un plateau, je variais les plaisirs. Au guidon de ma moto, je circulais en T-shirt, en plein hiver, même au-dessous de zéro, l'ecstasy m'isolait thermiquement de l'extérieur. Comme si j'étais dans une bulle.

L'idée de l'héro est venue toquer à la porte. Coucou, c'est moi. Je savais qu'il y avait un peu de deal dans la rue, sur la 7e Avenue, tenu par des Mexicains. Je suis allé y traîner pour mener ma petite enquête, interrogeant les Chicanos qui arpentaient le trottoir. J'ai commencé par me faire arnaquer par l'un d'entre eux. Il m'avait dit : « File-moi cent dollars, je reviens dans deux minutes. » Il n'est jamais revenu. Au bout de quatre heures, j'ai enfin trouvé mon homme. C'était un vieux Mexicain, basané, petit, trapu, chapeau vissé sur la tête et voix rocailleuse. J'ai complètement oublié le physique du tuteur, par contre je me souviens encore très bien de celui de mon dealer. Il était très, très méfiant. Mon accent étranger l'a vite rassuré, il n'avait pas affaire à un flic. Après une courte discussion sur le trottoir, il m'a soufflé : « File-moi cent dollars, je reviens dans deux minutes. » À peine acharné, je lui ai glissé ses cent dollars, sans sourciller. Deux minutes plus tard, il était de retour, l'or blanc en main.

— Comment on s'organise pour demain ? lui ai-je demandé, affamé.

Il m'a fixé rendez-vous pour le lendemain, même endroit, même heure. Même scénario, même manège. Au bout de quelques jours, il m'a confié son numéro de téléphone. Je l'appelais de chez moi, jamais avant midi, pour vérifier que je ne venais pas pour rien, qu'il avait bien du matos. Si la réponse était positive, je me mettais en route et je le rappelais d'un taxiphone, en bas de chez lui. Il descendait.

— *How many ?*

— *Ten.*

La petite soirée chez Nathalie avait constitué le hors-d'œuvre. Léger. Le plat de résistance était plus corsé, ça dérapait sec. Reprendre de l'héro, après une période d'abstinence, provoque des troubles aggravants. Dès la première prise, tu es beaucoup plus mal en point que la veille du jour où tu as arrêté, même si plusieurs années se sont écoulées depuis. La dépendance s'accentue, elle aussi. Entre la chaise roulante et la chaise électrique. Un coup tu roules, un coup tu fumes. Tu ne peux plus y échapper. La galerie est partie en vrille, elle aussi. Retour chez les glauques.

Andrée poursuivait sa conquête de l'Ouest. Elle inaugurait un appartement témoin pour une nouvelle tour pentagonale, midtown. Je l'ai croisée, un soir. La cure à Hazelden ne semblait pas avoir mieux marché pour elle que pour moi. Elle n'a rien remarqué du tout, elle m'a embrassé d'un air joyeux.

— Tu as l'air en pleine forme !

Je ne me souviens ni où ni comment je l'avais rencontré au juste. Peut-être à un de ces dîners dans le dernier spot à la mode ou à un de ces vernissages archimondains, avec Andrée et sa clique, ou sans elles, peut-être la fête tirait-elle à sa fin, je devais être défoncé, ça, c'est sûr, j'avais entendu parler de lui, de son travail, j'avais vu un livre où il était photographié dans le métro, chaussé de vieilles baskets blanches montantes, gribouillant sur les murs puis se faisant arrêter par la New York Transit Police, pour vandalisme, il avait un style très personnel, un génie du trait, je l'ai reconnu grâce à ses petites lunettes rondes, cerclées de fer. Il venait d'ouvrir une boutique exiguë, downtown : Pop shop, où se vendaient tous les produits dérivés inspirés de son travail. J'allais me poser dans son atelier, un immense loft à TriBeCa, il dessinait sans arrêt, à toute vitesse, même en discutant au téléphone, infatigable. Un mec simple, très hip hop, hyperintelligent. Touchant aussi. Il avait gardé son naturel de grand enfant, son look d'ado, il ressemblait à un personnage de B.D. C'était sympa chez lui, des gens passaient, allaient et venaient, il continuait à travailler, comme un roi dans son château, comme Andy Warhol dans sa Factory. Son secrétaire faisait à bouffer pour deux comme pour quinze. Bowie curieux de voir le dessin qui ferait la couverture de son disque, une équipe de télévision en reportage, un conservateur allemand venu en éclaireur préparer une rétrospective dans son musée, tout ça sans l'ombre d'une prétention. Tout le monde traité de la même façon par le petit bonhomme en baskets. C'était une star, Keith Haring.

À New York, à cette époque-là, particulièrement dans le monde de l'art, planait ce dont on ne parlait encore qu'à demi-mot. Tout le monde s'agitait, chacun à son niveau, pour trouver des fonds, organiser des dîners à mille dollars la place, ou des ventes aux enchères pour lesquelles beaucoup d'artistes donnaient des œuvres ou des objets personnels. Une sorte de peste, double peine, à la fois maladie honteuse et terriblement douloureuse. Le sida, en anéantissant les défenses immunitaires, expose à des maladies que seules les poules attrapent. C'était la panique dans le milieu homosexuel. Tout le monde avait peur d'y passer. On ne savait pas du tout comment le virus se développait. La recherche pataugeait, confrontée à l'inconnu, malgré les milliards récoltés. C'était l'hécatombe : je me suis surpris à rayer plus de dix noms dans mon répertoire. Dont Keith Haring. Mais non, pour lui, je me suis ravisé. Je n'ai pas pu effacer son nom.

Richard Walker III, troisième du nom, m'avait donné rendez-vous pour déjeuner. J'avais trouvé un message sur mon pager. J'en avais loué un sur son conseil et j'étais très excité par ce nouveau gadget. Médecin, chef de service en réanimation, Richard utilisait beaucoup le sien, par déformation professionnelle. Veuf depuis peu, doué d'une grande sensibilité, très à l'écoute, ayant dû deviner que j'étais agité du bocal, il m'avait pris sous son aile, me traitant comme l'un de ses fils, j'étais même gêné vis-à-vis de ses propres enfants, tous très clean, étudiants à Harvard et tout et tout. J'ai toujours été un grand consommateur de pères adoptifs. Je lui avais proposé de passer le prendre vers 1 p.m. au quartier général du Fire Department. À titre bénévole, il faisait partie d'une commission chargée d'évaluer l'état de gravité des blessures des pompiers brûlés au cours d'opérations de secours et de déterminer le montant des indemnités de dédommagement.

La salle d'attente décorée d'une misérable plante verte qui semblait à l'article de la mort était presque vide. Un seul type patientait, dans un coin, à moitié dissimulé par une grande enveloppe de radiographie. *Do not bend.* Je me suis assis. J'avais une bonne nouvelle à annoncer à Richard. La sellerie de la Chrysler venait d'être terminée. La première pièce de la collection de voitures anciennes qu'on avait décidé de monter ensemble était un modèle de 1948, bleu-gris, délavé par le temps, arrondi, comme on peut en voir dans les albums de Tintin. On l'avait achetée à un vieux pépé, dans le Connecticut. Pas en très bon état, mais saine et roulante. L'idée était de la restaurer. Richard avait tout financé mais il prétendait qu'elle nous appartenait en commun. Je venais de commander des petits clapets de chauffage neufs chez Chrysler, au service pièces détachées, rubrique voitures anciennes.

Un bruit de papier froissé, assez irritant, m'a ramené à la réalité. Le type attendait toujours, pianotant nerveusement sur son enveloppe. J'ai remarqué qu'il avait les cheveux décolorés. Je me réjouissais déjà à l'idée du prochain week-end qu'on allait passer à la campagne, chez Richard, upstate New York, des interminables parties de tennis, des balades à pied ou à vélo qui nous attendaient. Peut-être aurais-je plus de chance que d'habitude à la pêche. C'est très beau, la campagne américaine. La nature, à l'instar de la ville, étale sa démesure. Séquoias gigantesques, rivières limpides à débit rapide, vol d'oiseaux migrateurs en route pour des contrées lointaines. Très décor de cinéma. Très Hollywood.

Soudain, une porte s'ouvre. Une silhouette apparaît dans l'embrasure, à contre-jour. J'ai immédiatement reconnu Richard. Les autres membres de la commission étaient restés assis autour de la table. Il s'est avancé, m'a salué d'un geste de la main et d'un clin d'œil rieur. Il s'est approché du type. Lui a dit, à ce que j'ai cru comprendre, que son dossier d'indemnisation contenait de grossières irrégularités, que les assurances ne marcheraient pas. L'autre, contrarié par cette nouvelle, pour toute réponse, tire à bout portant une balle de 11,43 à travers son enveloppe de rayons X. La détonation m'a fait sauter le tympan. En une seconde, tout a basculé. Des uniformes surgissaient de partout. Tout le monde hurlait des mots inintelligibles. Les autres membres de la commission ont accouru en criant, livides, d'autant plus émus qu'ils avaient conscience que la balle aurait pu atteindre n'importe lequel d'entre eux. Le sort en avait décidé autrement. Du sang, une flaque sur le sol, des taches sur le mur, je ne pouvais même pas regarder. Je me suis jeté par terre, pour ne plus rien voir, prostré, tétanisé. D'autres cris, des bruits de pas précipités, des portes qui claquent. L'immeuble tremblait, comme une cocotte-minute.

J'ai senti une main sur mon épaule, j'ai sursauté. Un pompier était penché vers moi, il m'a aidé à me relever. Des ambulanciers, arrivés très vite de l'hôpital de Mont-Sinaï, emportaient le corps de Richard. Le meurtrier était assis, visage impassible, menottes aux poings. Une tête de dingue, yeux exorbités, fixes. Comment imaginer qu'il avait sauvé des vies en combattant les flammes, alors qu'il venait d'en ôter une, d'un coup de feu ?

J'ai été interrogé comme témoin. J'étais flippé. La détonation continuait à vibrer dans mon tympan. Assister à un crime en direct, c'est un véritable électrochoc, rien à voir avec les images de la télé. Aucune description ne peut rendre compte de l'intensité de la charge, du côté cru de l'ambiance. Pour corser le tout, j'avais un paquet d'héro sur moi, je balisais à l'idée de me faire fouiller, quel après-midi de chien. Une crainte irraisonnée, la police n'avait aucune raison de s'en prendre à un pauvre mec dans un état second, qui venait de vivre un film d'horreur en direct. Personne n'a pensé à remarquer que j'avais les pupilles dilatées.

Les flics étaient très cool, pas abattus, presque zen, ils avaient l'habitude, ils se tapaient un crime le matin, un crime l'après-midi. Pour eux, c'était la vie de bureau. La routine. Me voyant au bord de la crise de nerfs, ils m'ont donné un euphorisant. J'ai demandé l'autorisation d'aller aux toilettes. Un des flics m'a accompagné, redoutant sans doute que je m'ouvre les veines, alors que je voulais simplement me faire un rail. Raté.

Je balançais entre ne pas retourner chez moi, filer direct à l'aéroport, me casser de cet enfer ou rester là, attendre l'enterrement de Richard, lui rendre un dernier hommage. J'ai finalement choisi la seconde solution et je ne le regrette pas. Richard a eu des obsèques à la hauteur de sa sensibilité et de son amour des autres. Sa dépouille, juchée sur un camion de pompiers recouvert d'un monceau de fleurs multicolores, comme un char du carnaval de Nice, a lentement remonté la 5e Avenue, bouclée pour l'occasion. La messe a été célébrée par l'archevêque de New York. La cathédrale Saint-Patrick était bondée, les deux mille cinq cents places assises occupées. Souvent, les saints meurent, victimes de la violence. Gandhi, Martin Luther King ou Richard.

J'ai sauté dans un taxi, direction Kennedy Airport, abandonnant tout derrière moi, tirant un trait sur ces dix-huit mois chaotiques. J'avais laissé toutes mes affaires dans mon appartement. Si la lumière était allumée quand je suis parti, elle l'est toujours ! Je rentrais à Paris. Le western était terminé. Le mot fin barrait l'écran.

8

La zizanie

J'étais arrivé hyper en avance. Quatre heures à tuer avant le décollage. C'était une habitude chez moi, de compter large, de débarquer deux heures avant les deux heures standard, victime de la « fièvre du rail », vieille parano des familles, dont l'effet paradoxal tend à rallonger la durée du voyage qui paraît déjà, au départ, une éternité. Absurde. Pour la petite histoire, il m'était déjà arrivé de me tromper d'aéroport, de me jeter en catastrophe dans un taxi pour qu'il me transfère de Roissy à Orly, et de franchir la porte vitrée coulissante ouvrant sur le hall avant même que l'enregistrement des bagages n'ait débuté. Je voyageais light, pas avec une malle-cabine, juste un sac de toile bleue contenant mes effets personnels, calibre dix jours. Le vol était bien affiché sur le panneau des départs, ni retard ni annulation prévus, manquait encore l'indication de la porte. J'ai commencé par aller boire un coup à la première buvette venue, tout en épluchant *Libé* de A à Z, programme télé, promotions des agences de voyages et petites annonces de charters.

Dans la salle d'embarquement, me fiant à mon instinct de vieux défoncé, je me suis mis à passer en revue les autres passagers qui patientaient, sagement assis, les détaillant de la tête aux pieds, me tournant un petit film sur chacun d'eux, espérant trouver dans le tas un éventuel complice. Le costume clair à lunettes, trop coincé, je n'avais pas besoin de conseil financier. Les jeunes mariés en lune de miel, surtout ne pas les déranger. La nonne aventurière, d'une moralité au-dessus de tout soupçon, on ne mangeait pas au même râtelier. La délégation d'Indiens sikhs, avec leurs turbans façon mille et une nuits, interrompre leurs joyeuses palabres ne me disait rien. Le couple de vieux globe-trotters, je les gardais dans un coin de ma tête comme joker. Un seul sortait nettement du lot, l'air archicool, look Brigades du Tigre, velours côtelé, moustache gasconne, un pré-José Bové. Je me suis dirigé vers lui, l'heureux élu du casting, et j'ai commencé à le brancher.

— T'as du feu ?

Il a sorti son Zippo. Je me suis assis à côté de lui. Très ouvert, il s'est présenté. Bertrand. Il avait bien une tronche à s'appeler Bertrand. On est allés s'installer au comptoir du bar. Bertrand buvait sec lui aussi. On a vite sympathisé. Je lui ai confié que je partais pour un long voyage, peut-être sans retour, tout seul, sans point de chute, sans plan de route. J'ai passé sous silence mes véritables mobiles, où se mêlaient le souvenir encore vivace de mon ami tombé au champ d'horreur, la désillusion de cette cure foirée et les arrière-pensées concernant la dope, toujours elle... J'avais réussi à faire avaler à Andrée un boa, que là-bas, en Inde, je serais à l'abri des tentations. Elle avait accepté, peut-être en désespoir de cause, de financer ce nouveau voyage qu'en toute bonne foi, elle pensait salutaire, comme les précédents. Bertrand avait lui-même roulé sa bosse. En pleine époque hippie, il avait parcouru le mythique Paris-Téhéran-Bagdad en minibus. Je l'enviais, tout bas. Ces destinations n'étaient plus d'actualité, certains pays s'étaient d'eux-mêmes rayés de la carte touristique, refermés sur leurs certitudes religieuses. Cette fois, Bertrand allait accomplir une mission d'étude pour Médecins du monde. En vieux routard expérimenté et en médecin avisé, il m'a donné quelques conseils pratiques. Je pouvais boire du thé dans la rue sans problème. Pas besoin de prendre de médicaments. Mieux valait vivre comme les Indiens. Après trois jours de courante, je serais immunisé, tout rentrerait dans l'ordre.

Le haut-parleur nous a interrompus : « Les passagers du vol pour Delhi sont invités à se présenter porte numéro... » On a embarqué ensemble, j'ai échangé ma place avec la nonne aventurière qui avait hérité du siège voisin de celui de Bertrand, elle ne s'est pas fait prier. Tandis que, côté hublot, Bertrand feuilletait un magazine scientifique, moi, côté couloir, jambes étalées, je trompais l'attente en fumant comme un sapeur et en buvant comme un Polonais, collectionnant les mégots et les mignonnettes de bourbon. L'atmosphère se détendant, au cours du déjeuner, blanc de poulet accompagné de quelques grains de riz sauvage et de trois haricots verts sans goût, petit cake sous vide au menu, j'ai fait part à Bertrand de mon léger penchant pour les opiacées. Je le savais bien, mais j'ai été ravi de l'entendre dire que j'avais choisi le bon endroit, qu'il y avait tout ce qu'il fallait, là-bas.

Le vol s'est déroulé sans histoires. Bertrand en racontait de passionnantes, sur ce pays qu'il connaissait bien, pour y avoir fréquemment séjourné. Il semblait l'habiter, grâce à lui je l'aimais déjà. Une superstition voulait, disait-il, que pendant quatre-vingt-dix minutes, chaque jour, il valait mieux ne rien entreprendre. L'idée me plaisait, je me suis mis à rire. L'avion a atterri en douceur. La nuit tombait. En descendant la passerelle, outre la chaleur humide de ce début juin, j'ai senti l'odeur de l'Inde, une odeur où se mêlaient le parfum du jasmin et des relents de matières organiques, mi-sublime, mi-écœurante.

La foule compacte qui s'entassait dans le hall de l'aéroport avait l'air d'une fourmilière. Ça grouillait. Pas un vide. Un échantillon de la surpopulation des villes du sous-continent. Un taxi à la conduite à droite, qui avait d'ailleurs du mal à la tenir, nous a emmenés à l'Imperial Hotel, situé dans les beaux quartiers de New Delhi. La ville plongée dans l'obscurité s'était assoupie. J'ai ressenti un véritable choc en voyant des centaines de corps allongés par terre, dans les rues. Les trottoirs ressemblaient à des dortoirs en plein air.

Sept heures à ma montre ; onze heures, heure

locale, pas loin de trente degrés. J'ai demandé à Bertrand comment m'y prendre, je n'ai pas eu à préciser, il avait deviné ce qui me trottait dans la tête. Il pensait que j'aurais du mal à trouver de l'héro, fallait pas rêver, mais que je pouvais toujours tenter ma chance du côté de l'opium. Il m'a suggéré d'aller brancher un des chauffeurs de rickshaw stationnant devant l'hôtel, en grappe. Aussitôt dit, aussitôt fait. Je suis allé en réveiller un, recroquevillé sur la banquette de son engin qui lui servait d'abri, façon escargot. Il a couru secouer un de ses compères qui a couru en secouer un troisième, qui s'est précipité vers un quatrième, et ainsi de suite. Comme si j'avais dérangé l'abeille de garde, toute la ruche s'était animée. Le dernier maillon de la chaîne a démarré sa pétrolette, les autres hochaient la tête, agitaient les mains, ce qui me semblait de bon augure. Le miracle a eu lieu. Dix minutes plus tard, je serrais entre mes doigts une belle boulette d'opium. Bertrand a été bluffé par mon efficacité, je l'ai remercié pour le tuyau. J'avais à peine débarqué en Inde, j'étais déjà en train de me préparer ma dose. Dans une fumerie traditionnelle, il aurait fallu une bonne heure pour la malaxer, la pétrir, la chauffer... Bouillant d'impatience, j'ai choisi le programme court. Je l'ai avalée.

Les rues étaient bondées. Une marée humaine déambulait en un flot ininterrompu, dans un brouhaha de voix indistinctes que la chaleur moite étouffait. D'autres silhouettes venant de l'horizon prenaient la relève de celles qui passaient, comme si le ciel les déversait lui-même. Au milieu de cette foule bigarrée, aux couleurs chatoyantes, les femmes se distinguaient, enroulées dans leurs cinq mètres cinquante réglementaires de sari. Ces drapés de coton leur imposaient une démarche particulière, altière, dans un camaïeu rose orangé. La modernité aidant, les points rouges qui ornaient leurs fronts, des porte-bonheur représentant le troisième œil de Shiva, commentait Bertrand, traditionnellement tracés du doigt à la cendre, s'étaient transformés en petites pastilles de feutre autocollantes. Prenant un bain de foule au sein de cette multitude aussi foisonnante que les vers du *Mahabharata*, je ne me sentais pas plus important qu'un grain de sable, de sésame ou de riz. La présence de Bertrand à mes côtés me rassurait.

Sur la chaussée circulaient des véhicules à moteur plus ou moins pétaradants, plus ou moins brinquebalants, des motos Enfield, des camions bâchés, des voitures, essentiellement de deux modèles : les petites Maruti, fabriquées sur place sous licence japonaise, et les Ambassador, un air rétro de taxi anglais ancienne version, qui dataient des années de colonisation et avaient survécu à l'indépendance.

Le carrefour était embouteillé, cinq mille véhicules enchevêtrés. Parce qu'une vache refusait d'avancer, faisant sa tête de mule. Tout le monde attendait patiemment que madame veuille bien bouger. Certains avaient engagé la conversation, d'une fenêtre à l'autre. D'autres sortaient se dégourdir les jambes. La vie s'était arrêtée autour d'une vache.

— Elle est sacrée, m'a expliqué Bertrand, on ne

peut pas la toucher. Personne ne dit rien, même quand elles se permettent de manger les trois petites herbes rachitiques que certains cultivent amoureusement pour subsister.

Une mule, chargée comme un baudet, impatiente, peut-être un peu jalouse des privilèges accordés à cette vache qui se la coulait douce, s'est mise à braire. Elle avait les pattes avant attachées. Ça m'a rappelé les pantalons à sangles de Vivienne Westwood. Mais personne ne lui prêtait attention, la laissant ruminer sa rage dans son coin.

Toujours cette odeur. Parfois, le côté jasmin ou santal dominait, parfois, le côté organique l'emportait, faute de fosse septique. Les gaz d'échappement venaient se mêler à la ronde. Çà et là, de jeunes Indiens vendaient du thé au lait, des pâtisseries, des tranches d'ananas disposées sur des carrioles en bois bleu ciel. À l'horizon, des tours en verre flambant neuves, abritant les bureaux de multinationales, rappelant celles de New York ou de La Défense, se dressaient sur le ciel jaunâtre, thé au lait, qui se reflétait dans leurs vitres. Saisissant contraste entre la modernité et les traditions.

Bertrand avait un rendez-vous, il s'envolerait ensuite pour Calcutta. Nous nous sommes quittés. Je l'ai suivi des yeux. Il a disparu dans la foule, je ne le reverrais jamais. *So long.*

Un enfant me fixait du regard. Des yeux de biche, immenses, beaux comme des astres, l'air futé, la peau cuivrée, les dents éclatantes de blancheur. Son bras droit, tordu, partait à angle droit. En proie à des sentiments contradictoires, répulsion, compassion, culpabilité mal placée, j'ai détourné les yeux. Il y en avait d'autres, beaucoup plus de garçons que de filles, éparpillés sur le trottoir opposé, tous affublés d'anomalies physiques fracassantes. Des sculptures vivantes. Pas dans mon vocabulaire oculaire. Entre la douceur de leur regard et la violence de l'image que renvoyaient leurs membres estropiés, il y avait un décalage insupportable. Leurs propres parents n'hésitaient pas à les mutiler pour les rendre le plus spectaculaires possible, les exhiber, les livrer à la pitié des passants et augmenter le chiffre d'affaires du jour. Et puis il y avait les autres, les ex-cireurs de pompes. Le client se faisait rare, Nike a ruiné le business. Plus rien à cirer. J'ai passé mon chemin, hélé un rickshaw ciselé qui devait constituer toute la fortune de son propriétaire, son bijou de famille.

Le rickshaw man avait réussi à me trouver de l'héroïne. Il devint mon fournisseur officiel. Je le rejoignais en bas de l'hôtel. Il insistait pour finaliser la transaction en roulant, histoire de minimiser le risque. Il me passait le petit sachet discrètement, ravi d'arrondir ses fins de semaine. Mes seules incursions en ville.

Le reste du temps, je faisais du tourisme en chambre, les yeux rivés sur les motifs orientaux du tissu qui en ornait les murs, ou sur les poils beiges de la moquette de standing international, ou encore écroulé devant la télé, zappant entre les différentes chaînes par satellite, dont l'incontournable C.N.N., sur un nuage ou dans un état second, en total décalage horaire. Bercé par le ronron de la climatisation, j'entendais le bruit de fond de l'Inde qui m'arrivait en sourdine par la fenêtre entrouverte. Comme un voyageur aveugle. Je vivais reclus, en autarcie avec « my problem », comme disent les Américains. Tel un passager clandestin de moi-même. Hors du temps, hors du cycle des jours et des nuits, hors émotions, l'électrocardiogramme plat, émotionnellement mort.

Sans penser à rien d'autre qu'à être bien.

Sombres heures, d'une autre vie.

Parfois, prenant mon courage à deux mains, je partais en expédition, jusqu'à la piscine de l'hôtel, ou bien je m'aventurais du côté du hall de l'hôtel, un véritable bazar organisé. Les échoppes surachalandées vendaient aux touristes qui tombaient dans le piège des tapis, des étoffes, du madras, des pierres soi-disant précieuses : rubis, émeraude, saphir, lapis-lazuli. Les Indiens sont de vrais as, ils ont une supertechnique pour en fabriquer de fausses, une microcouche de vraie pierre à la surface, juste de quoi berner le client, même certains gemmologistes s'y laissent prendre. Cela faisait des années que je cherchais une bague dans le genre de celle qu'Andrée portait depuis toujours. Elle s'enroulait autour de son doigt comme un serpent, la tête ornée de deux yeux en rubis. J'en ai tracé une esquisse devant l'un des marchands. Il m'en a fabriqué une réplique, une vraie, pas du toc. Comme dans d'autres domaines, j'étais assez idées fixes.

En Inde, au milieu des touristes normaux, traînent quelques loques humaines rescapées de la vague de hippies, arrivés d'Europe en minibus et échoués là. Quinze ans plus tard, les plus atteints n'avaient pas bougé. Ils avaient vendu leur minibus et son contenu depuis belle lurette. Démunis, aux abois, ils n'avaient plus que leur sang à monnayer.

Au cours d'une de mes virées au bord de la piscine j'ai rencontré un couple de vieux babs allemands. Cheveux longs, gras, pas peignés, tuniques en coton sauvage, pieds nus dans des sandales. Décharnés, comme s'ils étaient passés sous un camion. Pour maigrir plus, il aurait fallu qu'ils perdent un os. Lui, barbu. Elle avait l'air d'avoir un peu plus d'heures de vol et avait dû prendre l'équivalent de son poids en acides. Ils venaient de temps en temps boire un verre, pour pouvoir profiter de la piscine, s'y laver, je le crains.

Un soir, me sentant des fourmis dans les jambes, je suis allé fumer avec eux, dans leur hôtel d'Old Delhi. L'obscurité de leur chambre cachait à peine la misère. Du papier journal glissé sous le drap, pour leur éviter de se faire bouffer par les bestioles qui avaient élu domicile dans la mousse du matelas. Incrustés là, ils n'avaient aucun moyen de s'en aller. Voyage au bout de l'enfer.

Le trajet de retour fut épique. En pleine nuit, ballotté sur la banquette, agrippé aux montants de la capote, je n'en menais pas large. Le rickshaw bombait, attaquant les ruelles en férocité, prenant les virages avec deux roues sur trois, manquant de renverser une charrette à bras. À un carrefour, il a enfin ralenti. Je me suis éjecté, lui ai filé un biffeton, et me suis barré en courant. Le flip de ma vie. Pour une fois que je mettais le nez dehors.

De temps à autre, mon estomac réclamait son dû. Je me faisais monter un repas par le room service, essayant des plats au hasard, pour leur joli nom, parmi la liste de ceux qu'énumérait le menu. La nourriture indienne a beau être végétarienne, elle est néanmoins sublime, savamment épicée, variée. Pas du tout le côté carottes bouillies auquel je m'attendais. Le temps passait, sur un faux rythme, je poursuivais mon petit tourisme personnel, qui m'occupait depuis près de deux mois déjà. La période de la mousson avait commencé. Par la fenêtre, je voyais s'abattre des murs d'eau. La rue, en moins de trente minutes, devenait un fleuve, un torrent, charriant tout sur son passage. J'avais entendu dire que des dizaines d'enfants se noyaient chaque année. Bien au sec et au frais derrière les murs de ma chambre climatisée, je sentais la chaleur lourde et humide écraser la ville de tout son poids, visible à l'œil nu, flottant comme une chape de plomb. Les gaz d'échappement des voitures et des rickshaws restaient suspendus à mi-ciel, freinés par les nuages qui les empêchaient de se dissiper.

J'avais presque mal au crâne, à force de ne pas bouger. Je me suis rappelé que Bertrand m'avait vivement recommandé d'aller au cinéma. « Tu verras », m'avait-il promis, laissant planer le suspense. Je suis donc allé m'enfermer ailleurs, dans une salle de cinéma. Du moins n'étais-je pas tout seul. C'était la cohue, devant l'entrée, une ribambelle d'hommes et de femmes s'impatientait, en file indienne. Pendant la projection, hystériques, ils hurlaient à qui mieux mieux. Le spectacle était autant sur l'écran que dans la salle. Cela m'a rappelé les séances du cultissime *Rocky Horror Picture Show*, au studio Galande, dans le Quartier latin. Les aficionados venaient avec des accessoires pour imiter les acteurs durant les différentes scènes du fil : un journal quand Tim Curry et Susan Sarandon s'en mettaient un sur la tête pour se protéger d'une pluie battante, du riz quand ils se mariaient... Là, c'était pareil. Le film racontait l'histoire d'une princesse dont plusieurs chevaliers se disputaient le cœur. Les spectateurs, tout en buvant et en mangeant, prenaient parti pour l'un ou pour l'autre des rivaux, des camps se formaient.

— Attention, il est là, criaient-ils, craignant que leur chouchou ne se fasse surprendre.

On aurait dit des enfants devant Guignol. Je me suis souvenu des séances de marionnettes auxquelles j'assistais enfant, avec ma sœur Olivia, au jardin du Luxembourg. Nos braillements pour avertir Guignol quand apparaissait le gendarme. Nos hurlements se propageaient à la ronde, jusqu'aux oreilles des petits chevaux de bois qui tournaient en rond, imperturbables.

Le Taj Mahal est apparu, scintillant sous la lumière. Tel un mirage. Le mausolée funéraire en marbre blanc, construit par un empereur par amour pour sa femme, avait nécessité vingt-deux ans de travaux. Un truc de mégalo, d'une splendeur inouïe, surnaturelle. La plus belle preuve d'amour au monde, le plus beau cadeau que personne ait jamais reçu. Le côté sentimental qui s'attache à cette œuvre renforce sa dimension spectaculaire et suscite la curiosité de l'humanité tout entière, en mal d'amour. Je m'y étais moi-même laissé prendre.

Des milliards de bus déversaient une faune de touristes en goguette, façon Mont-Saint-Michel, en short, chemise à fleurs, appareil japonais en bandoulière, chapeau de toile blanc ou casquette, avec ou sans message publicitaire. Bref, l'horreur. J'ai suivi le flot, retiré mes chaussures au pied du grand escalier. Une impression de fraîcheur régnait à l'intérieur de l'édifice. J'ai admiré les pierres précieuses incrustées dans le marbre dessinant des arabesques, des formes géométriques...

De petits marchands de produits dérivés, cartes postales, minisculptures, faux carrés Hermès, bocks avec la bête reproduite dessus, guettaient la foule à la sortie, les racolant sur le chemin du car.

M'y suis-je réellement rendu, dans une voiture avec chauffeur que j'aurais louée pour l'occasion ? Ou ai-je suivi un reportage à la télévision dans ma chambre d'hôtel, me téléportant à Agra, sans bouger de mon lit ? Je ne sais pas, je ne sais plus. La dope m'a bousillé la mémoire, cramé les neurones. J'ai la mémoire comme du gruyère, pleine de trous... Je n'ai gardé, de mon voyage, que des bribes de souvenirs épars, d'une origine incertaine, des flashes à la lueur desquels je peux seulement écrire quelques phrases ponctuées de points de suspension ou d'interrogation.

J'ai ouvert les yeux, la pièce était totalement enfumée, je n'y voyais rien. Une odeur de brûlé flottait. Le matelas cramait sous mes fesses. J'ai bondi, je me suis rué dans la salle de bains. À coups de verre à dents rempli d'eau, au bout d'une vingtaine d'allers et retours, j'ai réussi à maîtriser le sinistre. J'ai ouvert la fenêtre. C'est alors que je me suis rendu compte de l'ampleur des dégâts. Un trou béant creusait le matelas. J'avais deux énormes cloques entre les doigts. Impossible de les serrer. La énième Lucky Strike sans filtre que j'avais grillée avait dû s'éteindre entre mes doigts, sans me réveiller. L'héro est un antidouleur aussi puissant que la morphine. J'ai retourné le matelas imbibé d'eau. J'ai refait le lit sur l'autre face, tentant de masquer le désastre. À la première heure, je me suis rendu dans une agence Indian Airlines acheter un billet pour Bombay, départ le jour même. De retour à l'hôtel, j'ai demandé la note à la réception. Dans ma chambre, l'odeur était toujours aussi forte. J'ai plié mes maigres bagages. J'ai arraché l'étiquette collée autour de l'anse de mon sac sur laquelle figurait la date du vol de départ. Cinq mois que j'étais arrivé. Déjà. Je n'avais pas vu les jours passer, le temps aboli, comme dans les rêves. Certain de ne pas avoir de problème à la douane, ne franchissant pas de frontière, j'ai juste pris le temps de constituer quelques réserves auprès de mon rickshaw man, de quoi tenir, le temps de m'organiser là-bas.

Je suis descendu au Taj Mahal Hotel de Bombay, le plus prestigieux hôtel de l'Inde. Une petite folie pour ma bourse. Une légende invérifiable prétendait que l'architecte français qui avait dessiné les plans (dans une autre version, ce serait un Anglais) s'était suicidé (ne se serait pas suicidé), en réalisant que l'hôtel avait été construit à l'envers. Un U tournant le dos à la mer d'Oman. Ma chambre était située dans la vieille aile, face à la mer celle-là, qui avait la particularité d'être jaune, à cause de la pollution sans doute. Des enfants s'y baignaient quand même.

Au bout de trois jours, mon stock s'amenuisant, il a fallu me remettre en chasse. Grâce à mon flair, dans une espèce de rade enfumé, j'ai dégoté le bon numéro. En cinq minutes. Même coup qu'à l'aéroport. On ne saura jamais s'il y en avait un en poste dans chaque troquet de la rue, ou si je suis tombé sur la perle rare. Peu importe, l'affaire était dans le sac. C'était de la superbonne.

Devant le temple de Jaïn se déroulait un drôle de rituel de prière, le dévot dessinait des croix gammées à l'envers avec des grains de riz. J'ignorais que ce symbole de régénérescence existait en Inde depuis l'Antiquité, qu'Hitler l'avait taxé et, pour faire le malin, avait inversé le sens des lettres grecques. Là encore, je ne saurais dire si j'y ai vraiment mis les pieds, d'où je tiens cette histoire....

Très vite, j'ai commencé à m'emmerder, effondré toute la journée sur mon lit, dans mon palace. Le compteur du blé baissait jour après jour. Glander à huit mille roupies la nuit ne rimait à rien, c'était nul.

Au moins j'amortissais, puisque je passais la journée entière à l'hôtel. Après mûre réflexion, plusieurs jours de valse-hésitation, j'ai décidé de me barrer. J'ai eu l'idée saugrenue de prendre un billet pour Bali. À l'heure qu'il est, je ne sais toujours pas pourquoi j'ai choisi cette destination. Les conditions n'étaient pas du tout favorables. Je risquais perpète et, en plus, la dope ne courait ni les rues ni les plages. Pas du tout couleur locale.

L'endroit, très décor de carte postale, était paradisiaque, surtout aux yeux des surfeurs, presque tous australiens, qui, après avoir failli se noyer dans les rouleaux, couraient se rincer la gorge dans les pubs, éclusant leurs chopes de bière, mousse et sourire Ultrabrite aux lèvres. Je n'avais rien osé emporter bien sûr, de peur de me faire pincer à la douane et d'aller directement en enfer, sans passer par la case départ, sans toucher vingt mille francs. Mon manque s'est aggravé, crescendo. J'ai morflé. Je me sentais hypermal. Je n'étais même pas en état de parler, à personne. D'autant plus que je marchais comme un bossu tellement j'avais mal aux reins. Un vrai cauchemar.

Sombres, sombres heures.

Bien décidé à trouver un plan pour me redresser, ne pouvant faire autrement surtout, comme j'avais besoin de me déplacer, j'ai loué une petite jeep Santana. Ma chaise roulante. Je me suis rendu dans un bar bourré de jeunes Balinais. J'en aborde un. Il tergiverse, me dit que c'est archicompliqué.

— Reviens après-demain, finit-il par murmurer, comme j'insistais.

Ces mots m'ont sonné comme un coup de poing dans le foie. Il n'avait pas saisi l'urgence de ma requête, les aiguilles de sa montre ne tournaient pas à la même vitesse que celles de mon horloge interne. Comment faire pour tenir pendant quarante-huit heures ? J'ai commencé par retourner à l'hôtel. Même en roulant à trente à l'heure, le trajet ne m'a pris que vingt petites minutes. Je me suis allongé. Je n'ai pas fermé l'œil de la nuit, tordu de douleurs.

Le lendemain, je suis reparti à la pêche, ferrer le poisson, du côté de la plage de Kuta réputée pour ses courants et ses noyades. Sur le rivage ne passaient que des gros baraqués, tout bronzés, leur planche sous le bras ! Pas du tout le modèle que je cherchais. Ce qui m'intéressait, c'était une petite crevette verte avec quelques signes extérieurs de défonce. J'étais tellement mal en point que toutes les demi-heures, il fallait que j'aille souffler dans ma chaise roulante. Je la regagnais en titubant, je n'avais rien bu pourtant. J'allongeais ma carcasse, jambes repliées, contorsionné sur la banquette avant, comme une sardine en boîte. Le soleil se couchait, j'ai abandonné la partie.

Les vingt-quatre heures qu'il me restait à tuer avant mon rendez-vous m'ont paru neuf semaines et demie. Encore une nuit blanche, pleine d'idées noires. Je me suis haï d'être venu dans ce mouroir à surfeurs. Un enterrement de première classe. J'étais comme un rat, piégé sur une île, au bon vouloir d'un introuvable Balinais toxico ou trafiquant. Mon état ne s'arrangeait pas. Au contraire. Entre la prise de tête et le mal de dos, la crise de manque constitue une équation irréductible.

À l'heure H moins cinq, je suis allé me poster au point de rendez-vous. Mon interlocuteur n'était évidemment pas là. J'ai attendu, attendu... comme dit la chanson de Joe Dassin. Sauf que là, heureusement, il est venu, à l'heure dite mais, très malheureusement, pour m'annoncer qu'il n'avait rien trouvé. Je me vois encore fermer les yeux et soupirer comme un vieux cheval de trait au bout du sillon, catastrophé par la mauvaise qualité de cette ignoble nouvelle.

— Demain, peut-être.

J'ai rampé, presque littéralement, jusqu'à ma jeep. Sur la route, j'avais l'impression que c'était elle qui me conduisait. Nouvelle nuit sans sommeil. Vivement demain... Quelle angoisse... Pourvu qu'elle soit bonne... Et ce jour qui n'arrive pas... Tu parles d'un paradis, vive l'enfer... Si je me levais... Je ne peux pas... Aïe, mon dos... Quoi faire... Le jour a fini par pointer, sans se presser, je me suis traîné à mon rendez-vous, le gars me tend un sachet, je lui tends des billets. J'ai regagné ma voiture. Ce n'en était pas. Après un minisursaut lié à l'effet placebo, je suis redescendu encore plus bas.

Si c'était encore possible d'aller plus bas.

Rien que d'y penser, là, à présent, j'ai froid dans le dos.

Je suis retourné voir mon revendeur, il n'y connaissait rien, il était hyperembêté. Le blé était perdu, je m'en foutais. J'aurais vendu ma montre, ma bague serpent, vidé mon compte en banque pour quelques grammes. Quand je pensais que quelques jours plus tôt, je me trouvais dans un endroit de rêve, ma source devant la porte de l'hôtel, j'enrageais. Le lendemain, mon Balinais m'a apporté un truc très moyen mais qui avait le mérite d'en être, au moins un peu. Après un petit rail, coup de baguette magique, me voilà sur pied, de très bonne humeur, très en verve. Ça n'a duré qu'un temps. Quelques heures. La dope était coupée avec d'autres substances, son effet limité. Le Balinais m'en a fourni de la meilleure, je commençais à être fauché, j'ai dû vendre ma bague serpent, la brader même, pour financer de la mauvaise poudre. Vexant. Par réaction, dans un sursaut de désespoir, à moitié bossu, j'ai décidé de quitter l'Indonésie, de gagner la Thaïlande. Au moins, là-bas, il y en avait, et de la bonne. Et pour cause, c'est la maison mère. Le pavot, spécialité locale cultivée en plein champ, fait vivre les paysans du nord de la Thaïlande, comme la coca ceux d'Amérique latine.

Dans l'aéroport géant de Bangkok, j'imaginais les tonnes d'héro qui devaient transiter, si près du labo. Rien qu'à cette idée, je me suis redressé d'un cran. J'ai atterri dans un hôtel de junks que des copains m'avaient présenté comme l'éden, trois étoiles au Michelin de la poudre. Situé à une vingtaine de minutes de tacot de l'aéroport, au bord d'une rue en terre battue, au milieu d'une végétation non contrôlée. L'anticarte postale, pas de toit recourbé, pas de fleurs parfumées grimpant le long des murs. Un client allemand m'a immédiatement dépanné et organisé un plan pour le lendemain. En Thaïlande, les gens sont plus généreux qu'à Paris pour te faire tourner. Il faut dire que la denrée est moins rare et beaucoup moins chère.

Face à l'hôtel, j'avais repéré un petit gars qui passait sa journée accroupi par terre devant son échoppe de rien du tout, en position du lotus, vendant des petits souvenirs « I love Bangkok » pour pas cher. Exactement le contraire de moi. Quarante centimètres en moins, sagesse orientale en plus, œil pétillant, peau mate, assis dans une immobilité de Bouddha. Je suis allé jeter un œil sur son échoppe. N'ayant personne à qui parler à l'hôtel, je l'ai abordé, lui posant des questions sur ses bibelots, juste histoire d'entendre ma voix, passant du coq à l'âne, sans me préoccuper des réponses qu'il me fournissait poliment, en souriant. Je suis revenu le lendemain, j'ai relancé la conversation, marchant de long en large, devant lui. Je ne tiens pas en place, tout le monde m'en fait la remarque. Toujours debout, en proie à une agitation incontrôlée, comme monté sur ressort.

— Assieds-toi, m'a proposé le petit Thaï, en libérant de la place sur son tapis à franges multicolore.

Je me suis assis. Il m'a servi un thé.

Lui qui avait passé toute sa vie devant cet hôtel de junks, il savait très bien quel genre de clientèle le fréquentait. Quand il a vu mes pupilles en tête d'épingle, il a vite compris que je n'étais pas là pour suivre un stage de cuisine thaïe.

Je revenais chaque jour m'asseoir près de lui, on bavardait. N'ayant pas vu débarquer les stups dans ma chambre, mon angoisse s'était envolée, ce n'était pas un de ces indics que les flics laissaient dealer en toute liberté, en échange de rapports circonstanciés sur les transactions, assortis de renseignements sur l'identité du client et sa destination. La marchandise, rendue gracieusement au dealer, pouvait, quant à elle, être revendue à d'autres pigeons. Tout le monde y gagnait.

On en est venus à parler des clients de l'hôtel, de leur activité favorite. On y était. Je n'ai pas cherché à nier. Sarit est devenu très sérieux, tout à coup.

— Ce n'est pas pour toi, tu devrais arrêter, c'est trop dangereux, ici.

On me l'avait déjà répété mille fois, et sur tous les tons. J'avais essayé, chaque fois ça me reprenait, c'était décourageant.

— Sans canne, c'est impossible.

Il insistait, jour après jour, dans son anglais approximatif, devant son échoppe ou au cours des repas que nous partagions avec sa femme, chez lui. Mangeant très peu, juste un peu de riz, je ne me sentais pas coupable de le ruiner en bouffe. Il me retraçait l'historique des rafles dans l'hôtel, forçant le trait sur les arrestations de nombreux blancs-becs auxquelles il avait assisté, il me faisait miroiter les trente ans de prison qui me pendaient au nez, dans des geôles cafardeuses, fourrées au rat. Un rêve en couleurs.

Moi, l'Européen très à son affaire, je n'avais jamais entendu parler de la méthadone. Cet opiacé qui supprime la sensation de manque, mis au point dans les années 1960 par des chercheurs américains, ne serait autorisé en France qu'à partir de 1992, dès lors largement prescrit aux toxicomanes. Lui, le petit Thaï, perdu au fin fond du monde, connaissait. Dans son langage imagé, il m'a dit :

— C'est le médicament magique pour arrêter. Je peux en trouver.

Deux jours plus tard, sourire aux lèvres, il me glisse deux comprimés jaune citron percés d'un M majuscule, qu'il avait dénichés je ne sais où. Son sourire malicieux prouvait qu'il connaissait la musique, en amateur :

— Tu n'empiles pas les plaisirs, tu ne joues pas au junk.

J'ai suivi ses conseils à la lettre, j'ai attendu de ressentir les premiers signes de manque pour avaler les pilules. Le manque s'est estompé, avant de disparaître complètement. Je me tenais droit comme un I. C'était vraiment magique. Comme pour un unijambiste, l'invention de la prothèse. Je me suis précipité dans l'échoppe du petit Thaï pour lui annoncer la nouvelle. Il m'a serré dans ses bras.

Ultime voyage à la frontière de la Birmanie, à quelques heures de voiture de là. Tout à côté du Triangle d'or. Dans l'antre du diable. Là, admirant le paysage tropical et la végétation luxuriante, déclinant différentes nuances de verts, j'ai humé l'air pur. J'ai pris des photos. La boucle était bouclée.

Le comble de l'histoire, c'est que j'étais allé en Thaïlande pour trouver de la dope, et c'est un petit Thaï qui m'a éclairé, me mettant sur le chemin d'une vie moins végétale, où je ne serais plus en anesthésie générale permanente, où je m'efforcerais de vivre mes sentiments et mes émotions. Moins con, quoi. Forcément plus excitante. Forcément plus en dents de scie.

Étranges hasards de la destinée. Ce voyage, au départ, pouvait passer pour une entreprise de destruction massive. J'avais eu de la chance, ou peut-être l'avais-je forcée. Après avoir touché le fond, je remontais à la surface. J'avais survécu. Un nouveau chapitre s'ouvrait.

J'assume pleinement. Oui, pendant douze ans, je me suis défoncé. Aujourd'hui, quinze ans plus tard, je n'éprouve aucune honte.

Je suis reparti, mes bagages alourdis d'un stock de médicaments magiques, tiraillé par la crainte de me faire arrêter à la douane. L'officier m'a rendu mon passeport sans sourciller. Le petit Thaï était un vrai ami, on correspondrait pendant des années.

L'avion a décollé, le jour se levait.

J'ai appelé Olivia, d'une cabine téléphonique de Roissy. Sans nouvelles depuis près d'un an, elle était sidérée de m'entendre.

— Comment ça va ?

— Pas mal...

— Passe, je t'attends !

9

Style Renaissance

Cette fois-ci, j'étais décidé à arrêter. Pour de bon. Bien décidé à m'accrocher à l'idée de décrocher, à tenir le cap, sans dériver, sans retourner au port. Pas de cure réussie contre son gré, sans un mordant presque violent. Y a qu'à. Ce n'est rien de le dire. Mon tas de comprimés de méthadone magique avait vite fondu, comme neige au soleil. Je me suis donc concocté un petit traitement maison, à base de gélules, une recette improvisée, pas tout à fait dans les règles, façon les sœurs Tatin, avec les ingrédients que j'avais sous la main.

Je savais depuis longtemps, l'ayant appris par la bande, que les antitussifs à base de codéine, en vente libre, pouvaient servir de palliatifs. La codéine, c'est un opiacé. Une pâle imitation de l'original, le Canada Dry de l'héro, comme l'aspartam pour le sucre. Même goût, même effet. Moins bon, mais pas aussi nocif. Programme de substitution, histoire de ne pas se retrouver sur les rotules, en proie à des douleurs aiguës liées au manque, en haut, en bas, devant, derrière, partout.

J'ai essayé le Netux et le Neocodion, comparant les effets respectifs de l'un et de l'autre, menant ma petite enquête, façon *Que choisir ?* Les comprimés de Neocodion présentaient un inconvénient majeur : à fortes doses, ils provoquaient d'atroces démangeaisons, à s'arracher la peau. Il y avait bien une solution, les passer sous l'eau froide pour enlever leur enrobage. Marron foncé à l'origine, ils devenaient bleu ciel, comme si la tempête s'éloignait. Je n'avais pas un lavabo sous la main en permanence, j'ai donc opté pour le Netux en gélules, moitié bleu clair, moitié bleu foncé. J'ai commencé le traitement au pifomètre avant de trouver ma vitesse de croisière. Dès le réveil, en guise de petit déjeuner, j'avalais le contenu de trois boîtes, soit trois fois huit : vingt-quatre gélules. Dès que je sentais que l'effet faiblissait, environ trois heures plus tard, les bâillements donnant le *la*, je m'enfilais trois nouvelles boîtes, d'un coup, parfois sans eau, à sec. À raison de cent trente-deux gélules par jour, j'atteignais mon point d'équilibre, si j'ose dire. Des quantités astronomiques. Je ne faisais pas dans la dentelle. Le côté junk omniprésent, tenace, plutôt plus que moins, on ne sait jamais, il n'était pas question de souffrir. On m'appelait l'aspirateur à Netux, Électronetux. J'avais l'impression d'être une gélule sur pattes.

Je planifiais mes tournées des pharmacies de Paris pour m'approvisionner, quadrillant chaque arrondissement, à tour de rôle. La nuit, je poussais la porte des pharmacies de garde, celle de la galerie Point Show sur les Champs-Élysées, ouverte vingt-quatre heures sur vingt-quatre, ou, de préférence, celle du drugstore Saint-Germain, qui fermait à deux heures du matin. L'endroit était toujours très animé, très vivant, chaque nuit s'y jouait une sorte de pièce de théâtre mettant en scène des personnages très étranges, divers et variés : certains se rinçaient l'œil devant les vitrines de l'étroit couloir en courbe où étaient exposés des gadgets dernier cri, d'autres draguaient, d'autres cherchaient ce qu'à cette heure-là on ne pouvait trouver nulle part ailleurs. D'où le côté hors de prix, valse des étiquettes. L'un passait acheter des disques avant d'attaquer la route d'un trait jusqu'à Saint-Tropez, l'autre, un cadeau d'anniversaire qui l'avait échappé belle, juste avant de se rendre à son invitation. Un autre, sorti du bureau à pas d'heure, l'estomac dans les talons, venait s'offrir un bon petit plat cuisiné. Des hypocondriaques, insomniaques, dépressifs trouvaient refuge à l'intérieur de la pharmacie, en quête de remontants, ou simplement de contacts humains. Un clochard tenait la porte d'une main, tendant l'autre, dans l'espoir de récupérer une ou deux petites pièces. Une O.P.A. des enseignes prestigieuses qui font flamber l'excédent de la balance commerciale a provoqué depuis la disparition de ce haut lieu de la vie noctambule parisienne, le quartier a été transformé en Rodeo drive. Aujourd'hui, plus un chat ne rôde la nuit. Seule la librairie La Hune fait de la résistance. Pourvu que ça dure.

Les pharmaciens montraient parfois une certaine réticence à délivrer plus d'une boîte de Netux à la fois. Certains me regardaient même comme un pestiféré quand j'osais leur en demander deux. « Nous n'en délivrons qu'une à la fois. » C'est une aberration. Soit les médicaments sont en vente libre et on peut s'en procurer librement. Soit ils ne peuvent être délivrés que sur ordonnance et leur vente est réglementée. La loi « une boîte à la fois » n'existe pas. Les pharmaciens savaient très bien que je n'étais pas là pour une histoire de nez qui coulait, mais bien pour décrocher. Pourquoi chercher à décourager des toxicos qui tentent tant bien que mal d'arrêter par leurs propres moyens, en amateurs éclairés, plutôt que de continuer d'arracher les sacs à main des vieilles dames ou de vendre les bijoux de famille ? Quel manque de solidarité. De la moralité mal placée. De l'antijeu.

Pour contourner l'obstacle et satisfaire mes besoins excessifs, j'avais mis au point un petit stratagème, recourant à des acheteurs au look de passe-muraille, non consommateurs, ralliés à ma cause et sans signes extérieurs de défonce. La cible une fois choisie, un premier larron s'engageait sur la chaussée, se fondant dans la foule des messieurs Tout-le-monde, s'engouffrait dans l'officine et reniflant ou toussant selon son inspiration et abusant de formules de politesse, demandait avec un accent d'Eaton : « Pourrais-je avoir deux boîtes de Netux, s'il vous plaît ? » Il réglait le montant de son achat, douze francs vingt la boîte, puis rejoignait le groupe qui attendait à l'angle de la rue, hors du champ de vision du pharmacien. Un deuxième complice partait à son tour en mission. Même scénario, même manège. Un troisième suivait. Je fermais la marche, me réservant la place du mort et me chargeant de dissiper les doutes du pharmacien qui commençait à se poser des questions. Qu'est-ce que c'est que ce cirque ? Ils me rachètent le stock pour ouvrir une officine en face ou quoi ? Parfois, ça passait, je ne tombais pas sur le même préparateur que mes acolytes. Parfois, je n'obtenais qu'une boîte. Parfois, rien.

— Nous n'en avons plus.

Pour finir, je récupérais l'intégralité du butin récolté par chacun des protagonistes. Une telle expédition, dans le meilleur des cas, si tout se passait bien, sans anicroches, si aucun pharmacien ne nous mettait de bâton dans les roues, me donnait une autonomie de neuf heures. Je gambadais, aussi alerte qu'un lapin mécanique avec une pile alcaline neuve. J'ai ainsi visité presque toutes les pharmacies de Paris, il y en a beaucoup, presque autant que de bistrots.

Voyager devenait, sur le plan logistique, une opération de grande envergure, genre expédition militaire ou polaire. Je devais constituer de sacrées réserves. Même en mobilisant mon armada de copains, je ne pouvais guère partir plus de dix jours. Dix jours à New York, mille trois cent vingt gélules. Comme un patron fixant le prix de sa camelote, je sortais ma machine à calculer. Je tapais les multiplications, j'obtenais le total, je recommençais pour vérifier que le chiffre était bien exact, que je n'avais pas appuyé sur une mauvaise touche, plutôt trois fois qu'une, pas question de me tromper dans la posologie éléphantesque. Le stock occupait tellement de place dans ma valise que je devais jeter les boîtes, ne garder que les tablettes. Si un douanier m'avait sommé d'ouvrir ma valise, il m'aurait pris pour un cycliste italien qui rejoignait la ligne de départ du tour des Flandres avec son kit de remise en forme.

Tout ce cirque a bien duré six mois, à ce rythme infernal, extrême. Par la suite, je me suis fixé comme objectif de supprimer une gélule toutes les trois heures, soit cinq par jour. Posologie réduite à vingt-trois gélules par prise, pour un total de cent vingt-sept par jour, tout de même. Deux, trois mois à ce régime, puis je suis arrivé à ne plus en prendre que trois toutes les trois heures, deux boîtes par jour. Ce qui était déjà plus civilisé, comme vie. Le plus dur a été de passer de trois à zéro. J'ai ramé pendant un an. J'ai eu recours à un petit subterfuge : j'ouvrais une gélule et je vidais la moitié de son contenu, constituant des doses allégées, Netux light. Deux gélules ne comptaient plus que pour une. Le Netux existait aussi en sirop, j'ai fini par deux gorgées de sirop, une le matin, une le soir. Puis plus rien. Libéré de ce pensum, je me sentais des ailes.

Je profite de l'occasion pour rendre hommage à mon brave estomac qui ne s'est jamais plaint, malgré les tonnes de matière indigeste ingurgitées. Il a joué son rôle d'usine de retraitement, sans broncher. La cure de milliardaire avait tenu trois mois, avant la très classique rechute. Les effets de la pauvre cure à deux balles durent toujours, bien plus efficaces. L'héro dans le rétroviseur. Je n'y ai plus jamais touché. Je suis condamné à ne pas en prendre. D'un point de vue pratique, Hazelden s'est soldé par un fiasco, mais j'avais retenu la leçon théorique. Je sais que si je m'y remets, rien qu'une fois, je suis cuit. En reprendre équivaudrait à retomber dans un état de dépendance pire que celui qui me dévorait le jour où j'ai arrêté, il y a quinze ans. Non merci. À bon entendeur, salut.

Pour accompagner ce festin chimique, quelques visites chez des psys, en guise d'amuse-gueules. J'avais cédé à la pression de mon entourage familial contaminé par l'idée politiquement correcte selon laquelle quand tu décroches, il faut aller voir un psy pour qu'il te soutienne dans ta courageuse démarche. Pourtant la psychologie est une science inexacte. Les problèmes existentiels ne se résolvent pas aussi logiquement que les problèmes mathématiques. Pas de théorèmes. Pas de C.Q.F.D. Pas de solution toute faite.

J'avais eu affaire aux psys dès le lycée, envoyé par Mme Vicot, en urgence, chez un spécimen de la mairie du sixième, certainement un des oiseaux rares de la profession, le chef de file d'un nouveau courant de pensée qui s'ignorait. Par la suite, j'en avais consulté une autre, hyperloin, du côté de la porte d'Orléans. J'y allais seul, du haut de mes onze ans, je me tapais les onze stations de métro, de Saint-Michel à Porte-d'Orléans. Au moins, c'était direct. Agrippé à la poignée de la porte, bercé par le bruit familier de la rame bondée, je me préparais psychologiquement, essayant de faire le vide en moi, alors que deux énergumènes m'écrabouillaient les pieds. Quelques années plus tôt, je m'amusais à circuler dans notre appartement en me prenant pour une rame de métro, accélérant, ralentissant au gré des stations imaginaires, chaque pièce en constituant une. Comme d'autres courent en imitant le vrombissement d'un moteur de voiture, broum, broum, ou le chant de la sirène des pompiers, pimpon, pimpon. Sur les quais, suivant la voûte de la station, étaient collées des affiches publicitaires pour des lessives, des produits alimentaires, des appareils électroménagers, des voyages organisés, superficielles, sans trouvailles. La pub pleine d'esprit, qui traverserait les décennies, se trouvait dans l'obscurité d'un tunnel, fugitivement éclairée par les néons de la rame. Dubo, Dubon, Dubonnet.

La psy que j'allais ainsi voir chaque mardi était une vieille femme, hypercoincée, look Nana Mouskouri, lunettes à monture noire rectangulaire. Adepte de la thérapie par le dessin, elle pensait que les enfants dessinaient leur âme, qu'il suffisait de lire, non pas entre les lignes mais entre les traits de crayon. Ne supportant pas les contraintes, j'ai fini par croquer des scènes de frappadingue, des squelettes avec des faux, des têtes de mort en jupe-culotte qui sautillaient sur un volcan fumant. Elle a dû me considérer comme un cas désespéré. C'était le but du jeu.

D'autres ont suivi, dont un dans le seizième nord, qui avait l'air d'avoir assez bien réussi financièrement, genre play-boy, branché courses de voitures anciennes au Pays basque, un lacanien. Je me rendais chez lui à vélo. Il m'exaspérait. Dès que je m'exprimais, il bondissait : « Vous avez entendu ce que vous venez de dire ? » Tout était prétexte à des jeux de mots, à des raccourcis sur leur double sens. Quand je disais que j'adorais le patin à roulettes, il s'exclamait : « Rouler un patin ? » Il était con, lui, putain.

Un autre, une armoire avec une moustache, plutôt le mâle dominant, hyperdirectif. Je n'avais rien à dire, il fournissait les questions et les réponses, ce n'était pas fatigant au moins. Je n'en sortais pas retourné, de chez lui. Pure dépense idiote. La théorie selon laquelle il faut payer de sa poche pour payer de sa personne ne s'appliquait pas. Ce n'était pas moi qui raquais, je m'en foutais, ils encaissaient quand même. En plus, certains avaient le chic pour me donner des rendez-vous à des heures impossibles, très tôt le matin, très tard le soir, pour me tester, être sûr que j'étais très motivé pour venir les voir. Dans des quartiers inconnus où j'étais sûr de me perdre. Parfois, je n'allais pas au rendez-vous, je gardais l'oseille.

J'avais aussi fréquenté des psychiatres. Ils ont un côté séduisant, ils prescrivent des pilules, offrent un lot de consolation. On peut leur soutirer un petit psychotrope, alors que le psy ne donne rien. Zéro bonbon. Au-delà, leur pouvoir de te transformer en légume en te bourrant de médocs, tout en aggravant le trou de la Sécu, fait peur.

J'en ai revu à cette époque, de retour d'Inde, d'autres, plusieurs, des psypsy, des psycho, des psycha. Je changeais tout le temps, essayant les bonnes adresses des uns et des autres. Tout le monde connaît un psy génial, le sien est toujours le meilleur, comme son dentiste qui ne fait pas mal, lui. J'ai arpenté de nombreuses salles d'attente en long, en large et en travers. De guerre lasse, je finissais par m'asseoir, feuilletais un vieux canard, me relevais, tournant comme un lion en cage. Plus le psy était branché, plus le *Paris Match* posé sur la table basse était récent. Parfois traînaient aussi quelques ouvrages théoriques – pour les psys les plus chic, les leurs. Enfin, la porte du cabinet s'ouvrait. Le thérapeute raccompagnait mon prédécesseur. La porte d'entrée une fois refermée, il venait me chercher. Je gagnais son bureau, m'asseyais en face de lui. Je ne me suis jamais allongé sur un divan, ne me sentant pas prêt à affronter une analyse. Je commençais à le baratiner, à lui raconter mes salades, à l'embrouiller. Incapable de rester assis très longtemps, je me levais, marchais, les mains dans les poches, payais, m'en allais. Au suivant.

Objectivement, étant donné mon manque de motivation et la pauvreté des informations que je livrais, l'expérience n'avait pas une chance sur mille d'être enrichissante. Comme je n'y croyais pas une seconde, l'échec était garanti sur facture. Les psys sont comme tout le monde, rien que des êtres humains. On rencontre un peu de tout : des génies, comme Françoise Dolto, capable de faire parler des enfants quasi muets, des perspicaces, des intuitifs, des rassurants qui peuvent nous aider à vivre avec nos angoisses, sans les éliminer pour autant, et des pages jaunes de luxe, qui savent donner de bonnes adresses, celle d'un garagiste hyper pas cher, celle d'une nounou hyper super.

J'ai raconté mon histoire de penne à une psy.

— Plonger la main d'un enfant de dix-huit mois

dans de l'eau bouillante pour soigner un panaris, vous ne trouvez pas ça radical ?

Je n'ai pu que répondre oui.

— Si vous avez un caractère radical et extrême, un rapport à la réalité démesuré, c'est que vous avez été victime d'un acte qui l'est aussi.

L'explication m'a convaincu, même si le problème n'était pas réglé pour autant.

Il faut reconnaître qu'on demande beaucoup aux psys, trop peut-être. Le monde moderne véhicule des angoisses en tout genre, tout est archistressant, le boulot, le métro, le dodo, la solitude, la compétition, le fric, même traverser la rue. Comme contre-feu, la société promotionne l'antidouleur à tout-va. Le tas de gélules géantes de General Idea, ce groupe d'artistes canadiens très engagés, dénonce mieux que les mots cette surconsommation. La France raffole des psychotropes. Triste record. Au réveil, un peu de speed ; ensuite, pour calmer sa nervosité, un Lexomil ; puis une coupe de champagne, histoire de se désinhiber ; un peu pompette, une petite pointe de coke et ça repart ; vers vingt-trois heures, les dents grincent, trois Valium pour passer une bonne nuit bien méritée et être d'attaque le lendemain. Ainsi se résume la vie du citadin aisé. J'adore le dessin de Sempé sur lequel on voit une vieille dame très chic totalement sinistre s'enfiler un mètre cube d'euphorisants pour finir par lancer, au bout du huitième jour, avec un air toujours aussi sinistre, un pathétique « Youpi ».

Après avoir zoné pendant ces douze années gâchées

par la dope, je reprenais goût à la vie. Pris tout à coup d'un appétit démesuré de vraie vie, d'une fringale insatiable, je me sentais enfin la force et l'envie de changer de sphère, de passer de la nuit au jour, de rattraper et de transformer en atout ces années noires, cramées. Ma flamme pour l'art avait étrangement survécu à la tempête, comme ces bougies qui font rire les gosses sur leurs gâteaux d'anniversaire, plus on leur souffle dessus, moins elles s'éteignent. Une variante poétique de l'instinct de survie. J'ai mis la même énergie dans la perception de l'arte povera ou du pop art que dans ma petite entreprise de destruction massive. Dans mon esprit, j'avais le cerveau criblé de trous, comme une passoire. Je ne cessais de vouloir les boucher les uns après les autres et tous en même temps. Petit à petit, j'ai réappris le goût des autres, des vivants. Un coup de pouce du destin m'a fait rencontrer deux personnages clés qui m'ont permis de déverrouiller la porte dont j'avais à peine franchi le seuil, à New York, sans aller plus avant, la claquant en partant : un critique d'art brillant, fondateur de la revue *Bleu*, futur conservateur, Nicolas B., et un extraterrestre avec qui je partagerais bien des moments de franche rigolade : Édouard M., rencontré à la FIAC, assistant dans une galerie poids lourd, qui, un pied à Monaco, un pied à New York, réalisait le grand écart entre Méditerranée et Atlantique.

Nouvel emploi du temps. Quelques heures par-ci, celles qu'autrefois je perdais à courir après le blé et la dope, désormais consacrées à visiter des musées, des galeries, à potasser des livres d'art contemporain, monographies, catalogues raisonnés, trop chers pour ma bourse, au premier étage de la librairie La Hune, quelques heures par-là, à discuter de « l'avenir de l'art », titre un peu ronflant pour ces effusions verbales qui relevaient plutôt de la philosophie de bistrot. Les artistes et tous mes nouveaux amis se substituaient aux junks, éjectés sans regret hors de mon répertoire, hors de ma vue. L'art se substituait à la drogue. J'appliquais à mes journées la même technique que celle de la fonte du bronze à la cire perdue. Cet alliage en fusion une fois versé dans le moule en cire épouse parfaitement le vide qu'elle laisse en fondant.

Le café Beaubourg, ancré au pied du navire amiral, le Centre Georges-Pompidou en point de mire, tel un destroyer prêt à défendre son porte-avions, servait de cantine à toute la faune qui gravitait autour du musée, tout le microcosme de l'art parisien, l'équivalent du Flore pour le monde littéraire. Pour l'époque, c'était l'un des lieux les plus spectaculaires de Paris, avec sa passerelle qui reliait les deux ailes du premier. Ses piliers en béton superbement dessinés et sa hauteur de plafond évoquaient un ouvrage d'art plus proche du barrage hydroélectrique que des intérieurs de cafés dont la plupart relevaient encore de la mode du formica orange et jaune et des miroirs attaqués à l'acide. Des fac-similés de crobars de Porzamparc, des écrits de Sollers égayaient les murs. L'idée de s'adresser à des architectes de renom n'avait effleuré l'esprit de personne, sauf celui des frères Costes. Les personnalités les plus importantes du milieu de l'art international, à la recherche de calme et de discrétion, squattaient le premier étage où les contours de futurs grands projets se dessinaient. Les artistes célèbres, quant à eux, venaient là préparer leurs expos au Centre Pompidou ou ailleurs. Les critiques de tout poil, prêts à bondir, débattaient des derniers soubresauts de la création, guettant d'un œil un conservateur à qui ils rêvaient de proposer un texte ou, mieux, une idée d'expo pour les Galeries contemporaines, ou venus là tout bêtement pour exécuter un lâcher de cartes de visite. Le rez-de-chaussée était un cran en dessous du premier étage, à tous points de vue, l'ambiance plus légère, plus m'as-tu-vu. J'y faisais mes classes, des tables ouvertes, à géométrie variable, se formaient, on s'y glissait, Nicolas, Édouard et moi, au milieu de jeunes artistes ou d'amateurs éclairés. Le nombre des convives variait au fil des heures, quatre, douze, trois. Expansion. Compression. Addition. Moment de tensions, parfois. Quelques éternels incrustés, prêts à renier leurs verres, essayaient de filer à l'anglaise. Certains d'entre nous subsistaient grâce aux ardoises et se contentaient de signer le ticket de caisse, en guise de règlement. Les artistes haussaient la voix, déclamaient leur prose, se levaient parfois, espérant se faire remarquer, au milieu du brouhaha et de la fumée, par qui de droit. Certains en mal de réussite, dont le déguisement constituait l'œuvre majeure, ou qui tenaient un discours usé comme un vieux disque rayé, appris à la va-vite dans un mauvais manuel, nous soûlaient plus qu'une bouteille de vodka tiède, bue cul sec. D'autres tenaient vraiment la route et apportaient, l'air de rien, leur petite contribution à la création humaine. De loin les moins frimeurs. Des familles se formaient, au sens sicilien du terme : les défenseurs de l'art conceptuel, les tenants de la peinture figurative, ceux qui prétendaient que la photographie n'était pas de l'art... Une fois admis dans l'une d'entre elles, on se devait de défendre ses idées, bec et ongles, avec une certaine dose de mauvaise foi, sans états d'âme. Les avis s'affrontaient, le ton montait, les discussions enflammées s'achevaient par la reddition de l'un des protagonistes, ivre mort au champ d'honneur. La fatigue et l'alcool venaient à bout de toutes les théories, dans un dense nuage de blondes et de brunes.

Notre trio infernal s'en donnait à cœur joie. Toujours les plus insolents, les plus provocateurs, les plus culottés. On essayait d'occuper le terrain vague des idées en friche. Je ne savais pas grand-chose mais j'y croyais dur comme fer. Certain d'avoir tout compris. Je marchais à l'intuition. Enivré par ce nouveau vernis, brillant, à peine sec, encore fragile.

On finissait par lever le camp, allant à pied, en bande, faire le tour des vernissages qui avaient lieu dans les quelques galeries qui nous intéressaient, presque toujours les mêmes : Yvon Lambert, Durand-Dessert, Daniel Templon. Il me semblait connaître tout le monde, même si j'étais incapable de mettre un nom sur certaines têtes. C'était mon monde, mon nouveau monde. Je m'efforçais de regarder les œuvres, en profitant des moments où je n'étais pas interrompu par un commentaire spontané venu de la droite, ou bien pris à parti par les forts en thème, bien connus de tous, qui écumaient les vernissages pour y créer du « relief » verbal, ou plus, si affinités. Soudain, les spots de la galerie commençaient à clignoter lentement, toujours le même code, ce qui, pour les visiteurs lambda, signifiait « Au revoir et merci d'être venus », et pour les happy few, donnait le signal de départ pour le dîner de vernissage qui avait lieu soit chez le galeriste, soit dans un restaurant voisin.

Les journées me paraissaient presque trop courtes. Je courais, de galeries en musées, d'expos en vernissages, de foires en visites d'ateliers. J'enchaînais comme un glouton, comme un Pacman, toujours à fond, grisé par mes nouvelles activités. Omniprésent. On me voyait partout, rien ne m'échappait. En immersion totale. Je me suis même fait peur : un jour, j'ai oublié d'acheter mes derniers Netux. Plus la tête à ça. Dans mon studio, les piles de catalogues commençaient à prendre sérieusement de la hauteur, comme autrefois à la maison mère, dans le bureau de mon père. J'avais l'impression de m'enrichir, sur tous les plans. Bien que fumant comme un sapeur et buvant comme un trou, impérial au bar, mes dépenses s'étaient fortement allégées, le poste principal rayé de la liste, je n'arrivais pas au bout du bout de mes thunes. J'ai pu acquérir quelques livres, rares ou épuisés, chinant dans de petites librairies de quartier. La fièvre a continué de monter. Toujours plus d'infos, plus d'expos, plus de foires. Mon bagage s'étoffant, j'ai réussi à obtenir un boulot d'assistant dans la première jeune galerie qui avait ouvert ses portes dans le quartier de la Bastille, en plein boom dont l'Opéra de verre était la figure de proue. Il y avait eu les années Montmartre, les années Montparnasse, les années Saint-Germain-des-Prés, et par la suite, plus récemment, il y aurait le bas de Belleville. La hola s'est déplacée à travers le siècle, de quartier en quartier.

La période était assez paisible, pour une fois. Le climat plutôt favorable. La tontonmania battait son plein, Renaud s'était offert la quatrième de couverture de *Libé* pour inciter Mitterrand à se représenter aux élections présidentielles. Il était au sommet de son art. Aucun scandale n'était encore sorti, ça allait venir. Il me fascinait, tous les autres acteurs de la vie politique semblaient lui arriver à la cheville, il me faisait penser à une lointaine planète qui ne laisse voir que quelques aspects de sa surface. Un véritable labyrinthe spirituel. Énigmatique. Successivement catholique, vichyssois, à droite, à gauche. Chacun pouvait s'y retrouver ou plutôt s'y perdre. La pyramide du Louvre, projet esthétiquement audacieux et intellectuellement courageux, controversé à l'extrême, perçu comme une atteinte aux bijoux de famille de la République, est sublimissime, d'une pureté inouïe, même si l'intérieur rappelle un hall d'aéroport américain. Elle n'est que la partie visible de l'iceberg, les œuvres ont été sécurisées, restaurées, le musée qui partait à vau-l'eau remis à flot.

J'ai voté pour tonton en 1988. Voter, il y a des gens qui ont donné leur vie pour obtenir ce droit fondamental, il y en a qui se battent encore à travers le monde pour y accéder, il ne faut pas jouer les bébés gâtés qui surconsomment et n'ont plus d'opinion personnelle. Les anesthésiques, blé, dope... ont tendance à mettre la pensée en hibernation, au ralenti. Le progrès technique donne un accès direct au savoir, à l'information, sans exiger le moindre effort de réflexion personnelle. Les puces mâchent tout le boulot. L'ordinateur corrige même les fautes d'orthographe. Le danger, c'est que les gens ne fassent plus marcher leur ciboulot, ne se donnent même plus la peine d'apprendre. On vit à l'ère de la base de données, la donnée de base reste la réflexion. Ce n'est pas le moindre des paradoxes de la société contemporaine.

Le défilé du bicentenaire de la Révolution imaginé par Jean-Paul Goude résume parfaitement l'ambiance insouciante, festive, prospère de ces années fastes, les chars descendant lentement les Champs-Élysées au son des tambours du Bronx, Barbara Hendricks chantant *la Marseillaise* enveloppée dans sa robe tricolore, je battais la mesure des pieds et des mains. Un martien débarquant au milieu de la fête aurait déchiré son billet de retour.

À l'est, l'oppression lâchait du lest. Le mur de la honte démoli, la démocratie gagnait du terrain, les intellectuels étaient libérés, portés au pouvoir par le peuple. Václav Havel en République tchèque. En Afrique du Sud, l'apartheid aboli, Nelson Mandela triomphait. L'humanitaire en vogue, l'inflation jugulée, lire le journal ne plombait pas la journée.

Ainsi m'étais-je remis dans le sens de la marche. Je revivais, réconcilié avec moi-même, menant une vie quasi normale, à ma façon. Version personnelle, plus eau gazeuse qu'eau plate, plus frisée que laitue. Après le look punk et les allures de survivant aux pupilles dilatées, j'avais trouvé un nouveau style. Renaissance. Plus ancré dans la réalité. Plus équilibré. Un peu plus de plomb dans la tête. Vingt-six ans. Il était temps. Je me tenais enfin droit, après un redressement progressif, comme sur les reproductions des différentes étapes de l'évolution des espèces selon Darwin. Paré à virer.

10

L'art à tout-va

Tout avait commencé par un colossal coup de bluff. Dans le cadre de la rétrospective que le musée de Nîmes allait lui consacrer, j'avais été chargé par le commissaire de l'exposition de réaliser une interview de James Turrell, pour *Galeries Magazine*. J'avais proposé à Almine, tête chercheuse pour collectionneurs d'art, prête à tout pour faire le bonheur de ses clients, toujours zen, de m'accompagner à Flagstaff, en Arizona, où il résidait. Dans l'avion, chemin faisant, au-dessus des nuages, entre deux films, fort de ma nouvelle expérience d'assistant, je lui ai soufflé l'idée mi-défi, mi-délire de monter une galerie ensemble. Pourquoi pas ? Ne dépendre que de soi, de ses propres choix... Elle avait accepté, sans trop savoir ce à quoi elle s'engageait. Un oui d'avion, peut-être dû au manque d'oxygène.

Aux commandes du petit coucou qu'il venait de restaurer, James Turrell nous a emmenés survoler son volcan, à la lisière du désert, le Roden Crater. Il en avait remodelé le sommet, lui donnant la forme d'un cercle à ciel ouvert. Une fois revenus sur terre, on s'est allongés au centre de la cheminée. Le ciel nous est apparu arrondi comme un dôme. Une installation toute simple, sans néon, sans fil, qui réalisait la prouesse de déformer le ciel. Ça démarrait fort.

Au cours de l'interview, dans son bureau, envahi par d'énormes appareils de prise de vue aérienne, qui lui permettaient d'établir des relevés topographiques précis de son cratère, il a évoqué son travail sur la perception de la lumière, ses *light pieces*, se référant à Merleau-Ponty, se disant à la fois proche des impressionnistes et imprégné de la culture des Indiens Hopis. Il se réjouissait. Après quinze ans de vaches maigres et de disette, ses principaux revenus provenant de ses travaux de restauration d'avions anciens et du soutien de l'immense collectionneur d'art conceptuel et minimal, le mécène italien, le comte Panza di Biumo, le prix de ses œuvres commençait enfin à décoller. Saisissant la balle au bond, sans avoir froid aux yeux, j'ai lancé :

— On a un très bel espace, on vous achète deux installations, une rouge et une bleue, on organise une expo.

Affaire conclue. Après avoir reçu notre virement en dollars, dont on n'avait pas le premier cent, il nous enverrait les plans de réalisation et d'installation de ses *light pieces*. En matière d'art conceptuel, l'objet en soi n'a aucune valeur, l'œuvre n'existe que par un certificat de l'artiste décrivant l'idée et donnant les instructions pour la réaliser. Un art dématérialisé.

De retour à Paris, branle-bas de combat. On s'est mis dare-dare à la recherche d'un local, remuant ciel et terre, passant des dizaines et des dizaines de coups de fil, réactivant tous nos contacts, réveillant même les copains perdus de vue depuis plus de dix ans. Grâce à un ami galeriste, on a trouvé un espace dans le Marais, rue Charlot, au fond de la deuxième cour d'un immeuble, une ancienne fonderie qui nécessitait d'importants travaux. Coup de foudre, la première visite fut la bonne. Pas un mur n'était droit, la verrière fuyait. J'ai appelé Andrée à la rescousse. Elle a applaudi, nous a envoyé un des architectes de son bureau d'études. Le chantier a pu démarrer assez vite. Le monde de l'art s'emballait, les prix flambaient, la cote des artistes explosait, les banquiers, voulant participer à la fête, prêtaient à tire-larigot, sans caution, sans compter. Certains, pour rafler le marché, les yeux plus gros que le ventre, nous démarchaient, nous invitaient à déjeuner, au Fouquet's ou ailleurs, nous proposaient plusieurs millions, il suffisait de passer au bureau après le café, de signer de sa plus belle écriture. L'affaire était dans le sac. À la FIAC, on voyait des œuvres remonter les travées, prendre vingt pour cent à chaque escale, de stand en stand, semblant avancer toutes seules. Dans les ventes publiques, à New York, à Londres, chez Sotheby, chez Christie, tous les records étaient battus. L'art contemporain était devenu une véritable coqueluche. On le retrouvait à toutes les sauces. Les magazines de mode, pour ne pas être en reste, consacraient deux pleines pages au sujet, chaque semaine, diffusant des conseils pour acheter malin, spéculer à bon escient.

La galerie est ainsi née d'un concours de circonstances favorables : une part de hasard, un gros coup de bluff, le feu vert d'une banquière de quartier qui n'a pas hésité à nous prêter les fonds dont on avait besoin, un bon timing. C'est ce qui rend la vie magique. Ces instants où les choses se réalisent comme par enchantement, dans le feu de l'action. Et au-delà, la métamorphose de deux individus qui, partis copain-copine pour un voyage chez les Indiens Navajos dans le Painted Desert d'Arizona, se retrouvent associés, mariés, un enfant.

23 novembre 1989. Le grand jour. Ouverture officielle de la galerie. L'aventure commençait sur les chapeaux de roues. Beaucoup plus pro qu'à New York. Pour la première fois, une galerie parisienne montrait une installation lumineuse de James Turrell. La construction de l'œuvre, qui n'était pas une sinécure, avait nécessité d'importants efforts d'aménagement. Des carreaux de plâtre masquaient les arches de la galerie, l'espace d'exposition ainsi rendu parfaitement rectangulaire. Un couloir noir y menait, un piège à lumière, supprimant toute interférence entre l'intérieur et l'extérieur. James Turrell a donné son aval, surpris de la précision de l'exécution des ordres fournis par plan interposé. Ouf.

Vingt heures, les premiers visiteurs arrivaient, traversant les deux cours intérieures. Mort de trac et d'impatience, je leur serrais la pince, les saluais. Entrez, entrez. Une fois passé le sas noir, ils débouchaient dans une pièce totalement sombre. Face à eux, sur le mur du fond, un rectangle lumineux, rouge, dont ils ne pouvaient identifier la nature. Une projection ? Une toile luminescente fixée au mur ? Leurs yeux commençaient à s'adapter à l'obscurité, ils chuchotaient, s'avançaient à petits pas, sur la pointe des pieds, vers cette source lumineuse indéfinie qui leur semblait presque miraculeuse, divine. Arrivés à moins d'un mètre du but, ils marquaient un temps d'arrêt, essayant de résoudre le mystère. Sans éclairage supplémentaire, ils s'approchaient encore. Et là, discrètement, car, d'ordinaire, il est interdit de toucher les œuvres, sauf avec les yeux, ils tendaient la main pour effleurer la « chose ». À leur grande stupeur, leurs doigts, puis leurs avant-bras traversaient la lumière. Ils découvraient alors que ce halo rouge de trois mètres de profondeur sur sept mètres de large, si matériel, si dense en apparence, qui créait une sensation d'épais brouillard, se résumait à rien. Un vide. Un simple vide. Aucun effet spécial.

Deux agents de sécurité veillaient à ce qu'il n'y ait jamais plus de dix personnes dans la pièce où se trouvait l'installation. Une file d'attente s'était formée, s'étirant jusqu'à la rue. Je courais d'un visiteur à l'autre, tentant de les faire patienter, craignant qu'ils ne filent tous d'un bloc.

— Il n'y en a que pour quelques secondes.

Je me précipitais, piochais parmi les petits-fours

bien alignés sur les plateaux, en remplissais une assiette, repartais à toute vapeur.

— Tenez, ça vous réchauffera.

Les grandes pointures du milieu de l'art ainsi que l'entourage familial, Andrée sur son trente et un, se voyaient accorder des coupe-file.

Tout le monde se retrouvait sous la verrière où étaient exposés de très beaux dessins anciens à la mine de plomb. Encore remués par l'expérience qu'ils venaient de vivre, les uns et les autres tentaient de décrire cette œuvre perceptuelle si difficile à traduire en mots. Une grande marque d'Épernay sponsorisait la soirée. Un maître d'hôtel zélé ravitaillait l'assistance en champagne et canapés.

Les œuvres sur papier se sont vendues comme des petits pains, en quelques heures. La liste des prix avait attrapé la varicelle, recouverte de points rouges qui prouvaient la bonne santé des affaires. La soirée s'est achevée par un dîner chez un collectionneur. J'étais au septième ciel, savourant ces instants avec délectation, heureux d'avoir enfin rejoint l'autoroute, en coupant à travers champs. Tiré d'affaire, j'avais enfin trouvé un cadre à ma pointure, à la fois sécurisant et plein d'incertitudes, une compagne assez main de fer dans un gant de velours, le passé aux oubliettes, les vapeurs du troisième sous-sol dissipées. Le plus dur, de loin, nous attendait : vendre *Blood Lust*, la *light piece.* Un musée privé mexicain allait l'acquérir.

Un soir, au volant de ma voiture, je suis allé chercher mon père rue des Grands-Augustins où il vivait toujours. Hémiplégique, tenant à peine debout, il sortait de plus en plus rarement, son amour-propre lui interdisait de se montrer dans cet état si diminué. J'ai rouvert et rallumé la galerie pour lui. Le soutenant par le bras, je lui ai fait visiter mon bureau, mon nouveau nid. L'univers de James Turrell lui passait à dix mètres au-dessus de la tête, la moitié de son visage était paralysée mais l'autre souriait. Je l'ai emmené dîner avec Édouard et Nicolas. Pour la première fois, je le conviais dans mon monde. Détendu, sous son meilleur jour, ayant retrouvé une partie de son allant, il ne fut victime d'aucun de ces spasmes qui lui gâchaient l'existence. Les mots lui venaient facilement. Une soirée de rêve.

Il avait enfin réussi à convaincre Dominique Bozo, le directeur de Beaubourg, d'organiser une rétrospective de Bram Van Velde. Ce serait sa dernière bataille, sa dernière sortie officielle. Pendant le vernissage, circulant péniblement de salle en salle, s'attardant devant les gouaches de l'artiste en qui il avait tant cru, plus qu'en ses propres enfants, descendant tous les autres en flammes, y compris Picasso, il a dû voir défiler sa propre vie. L'émotion le terrassa. Pris d'un hoquet persistant, évacué par le SAMU, il a été hospitalisé pendant deux semaines. La passion finit par avoir raison de l'homme. À moins que ce ne soit l'amertume que lui inspirait sa propre existence. Ou les ultimes assauts des remords qui le rongeaient. Il y avait eu de la casse, tout de même.

Quelque temps plus tôt, au hasard d'une virée à Nantes, j'avais remarqué une série de dessins illustrant les cinq sens. Chacun représentait le même petit bonhomme, avec un de ses organes sensoriels surdimensionné : des oreilles qui traînaient par terre, des yeux aussi gros que le ventre... Coup de foudre. Quelques coups de fil plus tard, j'ai rencontré l'artiste, Fabrice Hybert. Un physique marrant, beaux yeux verts, très écartés. Après un détour par Math sup., il venait de terminer ses études à l'École des beaux-arts de Nantes. Dans son atelier, quasiment rien, juste quelques dessins sur papier trempés dans de la résine. Toujours aussi fonceur, je lui ai proposé de devenir son marchand. Une première expo a eu lieu en septembre 1990. Petit coup de stress. Fabrice n'avait pas voulu dévoiler ses desseins, dire à l'avance quelles œuvres il allait exposer. Le jour de l'accrochage, il débarque, un peu en retard, au volant de son break. J'ai poussé un soupir de soulagement. Sous les couvertures, des merveilles enfouies, dessins au fusain, projet de mur tournant, avec cet alphabet propre qui n'appartient qu'à lui. Le clou de l'expo : un autoportrait en pied immergé dans un aquarium, des bulles d'air lui sortant des yeux, du nez, de la bouche et des oreilles. Succès immédiat. Un carton. Dessins et objets, tous réservés dès les deux premiers jours. Ce fut le début d'une longue et productive collaboration.

Huit expos, coup sur coup, en un an. La galerie m'occupait jour et nuit. J'y débarquais à l'aube et la quittais bien après le crépuscule. Sélectionner les artistes auxquels on croit dur comme fer, que l'on veut défendre bec et ongles, demande du nez et de l'endurance. Le bouche à oreille, la recommandation de conservateurs, de conseillers artistiques de province ou, pour ceux qui s'étaient déjà forgé une réputation, leur propre nom, constituaient une sorte de présélection. Les dossiers, les candidatures spontanées n'ont jamais rien donné. « Votre travail est très intéressant mais il ne rentre pas dans la ligne de la galerie. » Soit, en français, votre travail ne nous intéresse pas du tout. Au début, encore un peu naïf, j'accordais des rendez-vous. Jusqu'au jour où un artiste m'a pris la tête : « Qu'est-ce que je pourrais faire pour que mon travail vous plaise ? » Question mortelle... On a instauré un nouveau système de dépôt de dossier, plus distant et froid, confié à notre assistante. Sans interférence. À côté de ceux qu'on envoyait paître, il y avait ceux que les galeristes s'arrachaient, prêts à se mettre en quatre, à remuer ciel et terre, terre surtout, pour décrocher ce qu'ils croyaient être le gros lot. Chacun y allait de son offre la plus alléchante. Soixante pour cent sur les ventes, un salaire à cinq chiffres...

Déchaîné, je participais à tout, accrochages, décrochages, ne rechignant pas à la tâche, donnant même un coup de main au peintre qui, entre deux expos, venait rafraîchir les murs, reboucher les trous laissés par les chevilles. Perché sur un escabeau, je réglais moi-même les spots, la dernière petite touche avant le jour J. Je soignais l'accueil des visiteurs, les mettant à leur aise, tchatchant avec les plus bavards, offrant volontiers un catalogue, prêchant pour ma paroisse, donnant ou plutôt ne donnant pas les explications qui manquaient.

Côté boutique, plus barbant mais indispensable, je passais des heures pendu au téléphone, feuilletant les pages jaunes de l'annuaire qui, à force de mauvais traitements, partait en lambeaux, à la recherche d'un transporteur, d'un photographe, d'un imprimeur, courant après un mauvais payeur, me débattant avec les assureurs... Plus les dossiers pour les commissions d'achat des musées, les livraisons des œuvres vendues, j'y allais le plus souvent moi-même, ravi de voir les affaires tourner et en même temps catastrophé de laisser partir les plus belles pièces chez les autres. À part quelques déjeuners avec les artistes qui pouvaient durer jusqu'à l'heure du goûter, le quotidien était plutôt composé de jambon-gruyère-cornichons, sur le pouce, au comptoir du bar d'en face, le Brésil. Plusieurs fois par jour, je traversais la rue, avec un plateau de tasses à café, pleines à l'aller, vides au retour.

La galerie commençait à faire parler d'elle et avait été admise, malgré son jeune âge, à la FIAC. qui devait se tenir en octobre 1991. On préparait l'événement d'arrache-pied, tout excités à l'idée d'occuper un stand, ne serait-ce qu'au premier étage réservé aux jeunes galeries, sous les combles du Grand Palais. Je me rappelais les longues déambulations dans les allées de l'ancienne gare de la Bastille qui avait accueilli les premières FIAC, en 1974 et 1975, accompagnant mon père un peu pété, alpagué tous les trois mètres par quelque artiste imbibé de ses amis.

Quand... patatras...

Printemps 1991. Les prix se sont effondrés, comme un château de cartes, à peine deux ans après avoir commencé à flamber, la guerre du Golfe accentuant la dépression. Tout le monde y perdait sur tous les tableaux. Des galeries mettaient la clé sous la porte, les œuvres perdaient jusqu'à quatre-vingt-dix-neuf pour cent de leur valeur. Clients évanouis dans la nature, galeristes prenant le maquis. Ben, avec son écriture inimitable, avait résumé la situation d'un trait d'humour noir : « Le marché de l'art va s'écrouler à dix-huit heures trente. »

La galerie n'a pas échappé à la tourmente. La banquière de quartier, jadis si charmante, s'est raidie tout à coup, appliquant les nouvelles consignes venues d'en haut : resserrer les boulons. L'autorisation de découvert divisée par trois, le stress multiplié par dix. Le tableau que je venais d'acheter en compte à demi, plus d'un million de francs, dans une vente aux enchères, ne valait objectivement plus que cent mille francs. Et encore faudrait-il trouver le client à ce prix-là. On ne l'a d'ailleurs jamais trouvé.

La FIAC continuait cependant d'afficher complet, les affaires se poursuivant, malgré tout, cahin-caha, à des prix plus raisonnables, après un juste retour à la normale. À l'écart de la spéculation, la galerie pouvait continuer à vendre, sans avoir à casser les prix, à part la petite remise classique de dix pour cent que tout acheteur réclame. On n'a pas raté une FIAC entre 1991 et 1996, descendant, après deux ans de balcon, à l'orchestre. Dans la cour des grandes. Toutes sortes de zèbres courent les foires : à côté des collectionneurs fortunés et des irréductibles, vrais amateurs quasi professionnels, érudits, qu'on ne voyait guère au premier étage, il y a les mondains, les acheteurs du dimanche, les monochromiques, obsédés par une seule couleur, le rouge était très prisé dans ces années-là, grisés d'écraser les autres avec leur bonheur tout rouge. D'autres, parés de bijoux en forme d'abeille, une reine en broche, cherchent uniquement des œuvres appartenant au champ lexical des abeilles. Les amateurs d'un soir, pour épater une jolie fille, s'emballent, réservent plusieurs œuvres, n'émettent aucune objection pour laisser des arrhes. Comme s'ils étaient tombés dans un trou, on n'en entend plus jamais parler. Des indécis viennent dix fois, font déballer tout le stock. Difficile de garder son sang-froid : il se fout de ma gueule ou quoi ? En fait, ils voudraient bien, mais ils ne peuvent point. Dans le milieu de l'art, on trouve le même pourcentage de détraqués, de cas majuscules que dans le commerce des bagnoles et des piscines.

Un matin se pointe à la galerie une tête que j'ai resituée en un centième de seconde : un dealer à qui j'avais laissé une ardoise de vingt mille balles quatre ans plus tôt. Ne voulant pas être vu en pareille compagnie et sentant le coup fourré, je lui ai proposé d'aller boire un café, au Brésil, en face. Dans le passage voûté séparant les deux cours, il me coince contre le mur, sort un flingue.

— Si je n'ai pas mes vingt mille demain, je t'explose.

Je tremblais comme une feuille. Au café, il m'a raconté qu'il avait passé quelques années au trou. Il m'avait soupçonné de l'avoir balancé. Vieille ficelle pour effacer les ardoises. Par un de ces heureux hasards que la vie réserve, j'ai vendu une œuvre, en courtage, le jour même. J'ai pu le rembourser le lendemain. Je l'ai raccompagné, pour être bien sûr qu'il s'en aille vraiment, et tout ce qu'il représentait avec lui. Tout à coup, je le vois se retourner et l'arme au poing, me viser. Il a mimé le tir, j'ai bondi en l'air, comme si j'avais reçu la balle en pleine tête. Dernier soubresaut du passé.

Intra-muros, la vie continuait. Nouvelle expo Hybert en 1992, encore un succès. Deux expos collectives suivraient, en 1994 et 1995. Ses œuvres se vendaient toutes seules. Je lui en ai acheté moi-même plusieurs, pour bétonner ma collection d'art contemporain. Éditer des multiples me bottait. Démarrer d'une esquisse, rencontrer des artisans passionnés par leur métier, très motivés par ce type de projets qui les sortait de leur ordinaire, aller les voir dans le feu de l'action, dans l'intimité de leur atelier faire passer l'objet de la deuxième à la troisième dimension. Ainsi, la « bouteille estomac » de Fabrice Hybert, inspirée par une célèbre figure mathématique, la bouteille de Klein, que j'ai fait exécuter par un souffleur de verre. Ou son tapis réalisé par les tisserands d'Aubusson, travaillant dos à l'image, ne découvrant leur œuvre qu'en fin de course, lors de la solennelle tombée de métier.

L'hôpital Éphémère, ex-Bretonneau, situé au pied de la butte Montmartre, avait été confié aux bons soins d'une association qui y organisait des expos, des ventes aux enchères. Dans un ancien bloc opératoire où il vivait, au milieu de ses reptiles aux sifflements stridents, Huang Yong Ping fabriquait de ses mains une courge géante, avec des planches de contreplaqué. Pour assouplir le bois et le mettre en forme, il utilisait des serviettes-éponges que sa femme faisait bouillir dans une vieille lessiveuse en métal, tout en préparant du riz sauté. Je l'avais découvert en 1989, lors de l'exposition Les Magiciens de la Terre, organisée conjointement par le Centre Pompidou et la Grande Halle de la Villette, qui célébrait le brassage des cultures. Il avait pu bénéficier d'un visa, les événements de la place Tian'anmen s'étaient produits pendant l'accrochage, le contraignant à rester à Paris, démuni de tout, séparé de sa femme, sans adresse fixe. J'avais mis deux ans à le localiser. Un véritable jeu de piste.

Je passais chaque jour l'aider, des heures durant, suivant ses instructions. Tout en retenue, ne parlant pas quatre mots de français, déformés par l'accent, il s'exprimait par des sourires, des hochements de tête. L'assemblage des quartiers de la courge géante eut lieu à la galerie dans un silence qui masquait une certaine inquiétude. Tout s'emboîtait parfaitement. Rien à retoucher. À l'intérieur, des bocaux, une marmite, un pilon étaient rangés sur des étagères. L'ensemble évoquait une trousse de médecin chinois de plus de sept mètres sur deux. Divers éléments de pharmacopée chinoise, tortues, scorpions, lézards écartelés sur des croix en roseau, vers séchés entortillés sur des bâtonnets de bambou, écailles dans leur emballage d'origine, reposaient sur une toile, au sol... Dans le catalogue des souvenirs, l'exposition de Huang Yong Ping restera parmi les plus forts. Il travaillait selon les règles d'un jeu de hasard, le Yi-King. La roue qu'il avait conçue tournait et lui dictait les matériaux et les thèmes de ses œuvres qui mettaient la tradition chinoise et l'art occidental en perspective. La tortue et le serpent, l'harmonie parfaite, l'un ne pouvant nuire à l'autre.

Un paquet était arrivé au courrier. Après l'avoir vu traîner pendant plusieurs jours, mon assistante a pris l'initiative de l'ouvrir. Il contenait une cassette vidéo et une lettre. « Moine bénédictin au monastère de La Pierre-Qui-Vire, ne pouvant me déplacer... » Le soir même, je visionnais la cassette. Appelais le lendemain. Sautais dans ma voiture.

Un jeune moine traversait le cloître, vêtu d'une bure bleu marine, pieds nus dans des sandales, tête d'oiseau, yeux très vifs, mince comme une brindille, à la fois serein et speed, un mélange de paix intérieure et d'agitation extérieure. Frère Marc. Drôle de parcours. Débuts plus que turbulents, cancre sur les bords. Apprenti chez Michelin, converti au christianisme grâce à l'aumônier de l'usine, études de théologie, vœux définitifs. Le père abbé lui avait refourgué son propre nom de baptême, Marc. Vie très spartiate, vêpres nocturnes, offices religieux, chant grégorien, climat hostile, chaud l'été, froid l'hiver, pas de chauffage. Très active aussi, formation des moines, direction des éditions du Zodiaque connues dans le monde entier pour leurs publications sur l'art roman, il trouvait encore le temps, je ne sais où, de réaliser des œuvres d'art à partir d'objets de récup, interactives, dignes de Géo Trouvetou ou de l'inspecteur Gadget. Dans son atelier, il les actionnait sous mes yeux. Vacuité : quatre silhouettes taillées dans des sacs à déchets en plastique blanc, portant un cercueil en polystyrène, éclairées de l'intérieur par des néons, se gonflaient sous l'action d'un ventilateur. Vision intérieure : un bidon en plastique blanc percé d'un trou de serrure. À l'intérieur, une télévision taille-crayon. Sur l'écran, l'image de mes pieds, à l'envers. L'insatiable curiosité des hommes ainsi dénoncée.

C'était tout vu, marché conclu, j'ai assisté à l'office, assis au dernier rang, dans mes petits souliers, ne sachant trop quand me lever, quand m'asseoir, imitant avec un temps de retard les moines qui avaient tous revêtu la coule, leur costume spécial messe. Quinze jours plus tard, revenu pour sélectionner les œuvres, j'ai déjeuné avec eux. Je n'étais pas très partant : seul en civil, portant l'habit et le poids du monde extérieur, ma foi laissait à désirer, même si cela n'était pas visible à l'œil nu. Mais frère Marc avait insisté. Dans le réfectoire voûté, éclairé par la lumière du jour, les moines se tenaient debout, en silence, recueillis. Perché sur une chaire, l'un d'eux lisait le martyrologe. Repas frugal. Légumes, salade, pain. Pas de viande, évidemment pas d'alcool. Comme le silence était de rigueur, les moines communiquaient en pointant du doigt le sel, le poivre. Hors de la société, ils avaient un peu perdu le sens des bonnes manières. Les mâchoires claquaient, les dents mastiquaient, les gorges déglutissaient, couvrant la voix monocorde du lecteur. Un silence tout relatif.

Parmi la centaine de moines présents, un ancien officier de la division Charlemagne, condamné à mort pour avoir défendu le bunker d'Hitler à Berlin en 1945, s'était converti en prison, avant d'être gracié. Un ancien chef d'un réseau de résistance, devenu prêtre ouvrier. Étranges retrouvailles.

Le soir du vernissage, frère Marc trônait, en civil, au milieu de ses œuvres qui offraient une vision moderne et personnelle des maux de notre société, pétrie de références religieuses. Pour évoquer le sida, il avait imaginé un bidon marouflé de cuir, percé de clous, au centre duquel flottait un ballon qui, tout en frôlant les têtes pointues des clous, n'éclatait jamais. Les visiteurs, assez soufflés par le personnage, faisaient la queue pour lui parler. Très à l'aise, il répondait patiemment aux questions, essayant de résoudre l'étonnant décalage entre sa vie et son œuvre.

Plusieurs papiers dans la presse, reportage de la télé suisse, défilé de visiteurs, un vrai miracle. De vieilles dames qui avaient entendu parler de l'expo sur Radio Notre-Dame s'attendaient à découvrir des icônes. Horrifiées, furieuses de s'être fait rouler, elles criaient au sacrilège...

À peine un an plus tard, frère Marc quittait le monastère, reprenait son prénom d'origine. Didier. Il me raconterait, en riant encore, qu'il s'était retrouvé dans les rues de Paris avec son vieux blouson de cuir et son pantalon pattes d'éléphant. Sur le quai d'une station de métro, un voyageur éberlué de le voir dans cette tenue démodée s'était écrié :

— Putain, la touche !

Il rejoindrait un cabinet de conseil, se marierait avec une journaliste venue réaliser un sujet sur ces fameux moines de La Pierre-Qui-Vire, sans savoir qu'elle allait faire tourner la page à l'un d'eux. *All is well that ends well...*

Tout gazouillait. En apparence, une success story. Image idyllique d'un couple branché, habitant le seizième nord, recevant ses amis et clients, à grands frais et tralalas. Coupures de presse élogieuses. Beau bébé, trois kilos cinq, la maman se porte bien. Et tout et tout. Les succès masquaient les échecs. Plusieurs expos avaient tourné à la débandade, au Trafalgar commercial, à la Berezina médiatique. Les frais s'accumulaient, les retards de paiement des clients s'allongeaient, le stress professionnel rentrait avec moi à la maison. Devoir toujours faire bonne figure me coûtait. Andrée, généreusement et dans la bonne humeur par-dessus le marché, avait renfloué la galerie, sans lésiner, sans voir d'inconvénients à s'alléger d'une grosse part de ses premiers mégacachetons. La grande classe.

Un dimanche soir, avant le film, le téléphone sonne. Je fonce à l'hôpital, mon père nous avait quittés. Un sourire aux lèvres, toute angoisse envolée, il reposait. Il a été enterré, sous un grand soleil, une lumière à la

Van Gogh, auprès de Bram Van Velde, dans le cimetière d'Arles. Loin du caveau familial.

Olivia et moi avons lu des psaumes de notre cru : le sien parodiait *En attendant Godot*, évoquant les retrouvailles underground de Vladimir – Papa – et d'Estragon – Bram, qui avait réellement inspiré à Beckett son personnage. Leur dialogue fictif s'achevait sur ces mots :

— Qu'est-ce qu'on fait maintenant ?

— On attend Godot.

De mon côté, j'ai rendu hommage à l'œil de Papa : il pigeait tout de suite, lorsqu'il venait mater mes dessins d'enfant, exposés sur les murs de ma chambre, sans avoir besoin d'explications, à la différence de ces grandes personnes qui voyaient un chapeau là où le Petit Prince de Saint-Exupéry avait dessiné un serpent boa en train de digérer un éléphant.

Mon père avait rédigé de très beaux textes sur Bram. L'un d'eux, *Comme la mer*, commence ainsi : « Soit un alignement de menhirs. Les plus lourdes masses semblent placées en tête des allées. Mais sont-elles vraiment en tête, et en tête de quoi ? Des plus petites pierres ? Est-ce certain ? Dans quel sens parcourir les illusoires passages, et vers où ?... Rien n'est demandé. Rien n'est offert... Comme la mer, tout y est. Cependant quoi ? » Pas tristounet déjà. Il rêvait d'être écrivain. Pourtant il n'a jamais réalisé son rêve, préférant s'autodétruire. Pas comme il aurait choisi entre un fromage et un dessert, plutôt en laissant la vie choisir pour lui. Il s'est bu. Il n'avait publiquement pas une très bonne opinion de moi, n'hésitait pas à me lancer des vacheries en pleine poire. Peut-être ne savait-il pas dire les choses. Ou bien les disait-il trop tard.

Lors d'un voyage à Bruxelles quelques années plus tôt, curieux d'élucider le mystère qui entourait le personnage de ma grand-mère paternelle, officiellement inexistante, d'accès interdit, j'avais entrepris d'éplucher la liste des Putman dans l'annuaire téléphonique. Un nom très répandu chez les marchands de cycles flamands. Il y en avait des pages et des pages. J'ai composé les numéros, les uns après les autres. Au fil des appels, le dialogue devenait de plus en plus mécanique. « Vous faites erreur. » « Excusez-moi de vous avoir dérangé. » Puis, soudain, le ton change. « Oui, c'est moi. » Bouleversée de m'entendre, balbutiant, ma grand-mère m'a invité à goûter, le lendemain. « Tu saurais venir à dix-sept heures ? » Je pouvais. Tout en trempant un Chamonix orange dans mon bol de thé, j'ai mis à jour ses informations plus que périmées. Mon père lui ressemblait, il avait ses yeux noirs comme du jais. En apprenant que j'avais levé l'interdit, il m'en a beaucoup voulu. Et longtemps. Plus tard, peu après la mort de ma grand-mère, il me dirait, les yeux embués :

— Je suis très content que tu l'aies connue.

Je l'avais rarement vu aussi ému, lui l'introverti de première. Personne n'a jamais su ni compris pourquoi il avait ainsi tiré un trait sur sa famille.

Rue Charlot, on s'accrochait. La galerie, sous perfusion, exposait le travail d'un artiste japonais qui, voulant dénoncer les essais nucléaires, avait conçu des bouteilles en verre : les unes remplies de grands crus français, les autres d'eau du Pacifique, des diodes étanches immergées dans le liquide égrenant les secondes à rebours. On avait dû importer le verre du Japon et faire venir de Mururoa, à grands frais, quelques jerricanes d'eau de mer. L'eau au tarif du château-pétrus. Au lieu d'utiliser de l'eau du robinet de chez nous. Qui aurait vu la différence ? Pas d'explosion finale, bien sûr. Sauf que, pendant le vernissage, une des bouteilles contenant du champagne a éclaté, sous la pression des bulles. Échec et mat commercial. Une ultime expo, paradoxalement la plus prestigieuse de toutes, consacrée à Richard Hamilton, l'inventeur du pop art. Pas de collectionneurs au niveau. Les conservateurs de musées, seuls acheteurs potentiels, ne sont pas venus. La galerie allait imploser, comme le couple qui l'avait montée. Si je fumais quatre paquets par jour, énervé par ce que je considérais moins comme un échec que comme la fin d'une étape, jamais je n'ai eu la tentation de retourner à mes anciennes « amours ». C'était là la plus belle victoire.

J'ai poursuivi l'aventure, seul, en créant une structure d'un troisième type, une galerie virtuelle, sur le web : Flux. Arborant toujours ma casquette de « chasseur de tendances », d'« agitateur culturel un peu dérangeant », selon les étiquettes que me collait la presse, j'ai phosphoré sur le projet Artati qui consistait à proposer à des artistes de plancher sur divers objets du quotidien : vase, cendrier, parapluie... Sans suite.

À l'eau. Une seule réalisation verrait le jour. À l'occasion du cinquantenaire des magasins Tati, plusieurs artistes, dont Huang Yong Ping, Fabrice Hybert et César, ont réinterprété le célèbre sac en plastique en vichy rose et bleu. Douze mois, douze sacs. Mon père avait lui-même vendu des lithos dans les supermarchés Prisunic. Une maladie héréditaire, cette volonté de diffuser l'art à bas prix et hors circuit.

Lors de la 47e Biennale de Venise, en 1997, Fabrice a présenté une installation dans le pavillon français, *Eau d'or, eau dort, odor, la danse des cadreurs* : une tente berbère, le pavillon transformé en studio de télé, des rendez-vous quotidiens, cinquante enfants d'une école vénitienne invités à participer à des activités d'éveil, des jeux animés par Fabrice lui-même. Un côté Woodstock sur canapés, un défilé d'artistes, de patrons, d'œnologues, de spécialistes de l'hypnose... Beaucoup de partenaires publics et privés participaient à l'aventure qui avait demandé près d'un an de travail. J'avais coproduit l'édition d'une compilation de 365 dessins, autant que de jours dans une année. Dans l'édition de tête qui correspondait aux années bissextiles, plaisantait-on, se trouvait, en plus, un dessin original.

Au moment de l'annonce du palmarès, dans les Giardini, sous un soleil radieux, un sourd silence planait. Toute l'assistance retenait son souffle. Le Lion d'or du Pavillon est attribué à... Fabrice Hybert. Des bananes sur les visages de toute l'équipe. Fabrice se lève, très calme. Sur la scène, il reçoit son trophée, le brandit, remercie tout le monde. La consécration. La critique qui ne l'avait pas épargné jusque-là l'encensait déjà, passant d'une incompréhension totale à une compréhension partisane. L'art n'est pas à l'abri de la lâcheté. Mon palpitant battait la chamade. Je n'ai pas pu m'empêcher de penser à mon père qui aimait tant Venise. Un partout, la balle au centre. J'avais mal aux mains tellement j'applaudissais...

11

Dernières lignes droites

La voix de Gainsbourg s'échappe de l'autoradio.

« Aux enfants de la chance, qui n'ont jamais connu les transes, des shoots et du shit, je dirais en substance, ceci : touche pas à la poussière d'ange, angel dust, en shoots ou en shit. Zéro héro à l'infini... Je dis : dis-leur merde aux dealers qui, dans l'ombre, attendent leur heure, l'horreur... »

Il pensait, clope après clope, que la chanson était un art mineur, ses textes prouvent bien le contraire. En quelques mots, il a fait le tour de la question.

Comme d'autres, j'ai été un enfant de la malchance. Je ne sais pas qui distribue les rôles. Beaucoup ont perdu la vie, victimes d'overdose ou d'accidents de voiture, après une ultime perte de contrôle. Dans ma malchance, j'ai eu de la chance. Dans l'aventure, je n'ai laissé que des plumes.

Je longe les quais de la Seine, côté rive droite, sous un ciel bleu azur, en plein été indien. Le pont des

Arts se profile, mon ancienne piste de patin à roulettes atterrissant dans la cour Carrée du Louvre. Un jour, Andrée me tirait. Je prenais de la vitesse. Sans le faire exprès, n'ayant pu freiner à temps, mauvaise manœuvre, je lui ai pulvérisé la cheville, son pied ressemblait à un chou rouge, elle a dû se faire opérer. Un couple de passants n'a rien trouvé de mieux à dire que : « Voilà ce que c'est que de jouer avec les enfants. »

Derrière l'Institut au dôme doré, style Rolex, reluisant neuf, la rue des Grands-Augustins, un peu figée. L'ambiance a perdu en animation, en décibels. Les codes ont remplacé les voix chantantes des concierges, ici comme ailleurs, de nouveaux réverbères stylisés ont été installés, ça sent la poutre apparente à plein nez. Au tabac de la rue du Pont-de-Lodi, c'est toujours le même patron qui trône derrière le zinc, un peu vieilli, chevelure grisonnante, clairsemée. L'ancien flipper, le Big Indian, je me souviens encore de son nom, a fini à la casse, le progrès fait le ménage. Une seule fois, mon père a eu une crise d'autorité aiguë. Une seule. Je le vois encore, entrer comme un diable dans le café et me ramener de force à la maison. Trouvant sans doute que j'avais mieux à faire. Mes devoirs, par exemple.

Le Marais mène sa vie asséchée. Rue des Archives, les terrasses des cafés débordent. Que des mecs, ambiance détendue, décomplexée. Encore un acquis des années 1980. Dans les murs de la galerie, rue Charlot, s'est installé un styliste de mode. Il a mis un autocollant sur la plaque gravée, sans prendre la peine de l'enlever ou de la changer. L'épicier arabe, un sourire ambulant, d'une gentillesse inouïe, excellent dans ses multiples rôles, banquier, psychologue, livreur, alimente toujours les habitants du quartier, à la demande.

Je m'enfonce dans les entrailles du parking du Centre Pompidou. Tout nouveau, tout beau. Assez pop, chaque niveau éclairé d'une couleur différente. Ambiance night-club de jour. Je me gare au moins deux, sous la lumière des néons verts. Je coupe l'autoradio et le moteur. En claquant la porte de la voiture, mon fils Alexandre me lance :

— Papa, tu es le grand géant vert !

Sa remarque me fait marrer, m'attendrit aussi. J'aurais tant aimé me sentir assez proche de mon père pour pouvoir blaguer avec lui, le taquiner. Le vous-soiement me coupait la chique.

Sur la piazza, des punks boivent des canettes de bière géantes, vautrés par terre, affublés de crêtes rose et noir, percés de partout : sourcils, oreilles, narines, mentons, pour la partie visible. Des rats déguisés en perroquets. « *No future* » inscrit dans le dos, le slogan n'a pas changé. Sortis du contexte, de la musique, de la mode vestimentaire punk du milieu des années 1970, ils ne ressemblent qu'à des épouvantails, incapables de faire peur aux pigeons qui, se dandinant tranquillement sur leurs fines pattes, n'ont même pas l'air de les remarquer. Ils ne vont pas être faciles à récupérer eux non plus. Deux musiciens en herbe grattent sur leurs guitares sèches une mélodie des Clash, *Should I Stay or Should I Go*, version country. En quelques mètres, les souvenirs s'entrechoquent. Je me dis que j'ai eu de la chance de vivre l'aventure, en vrai, en live, première main, pas le méchamment réchauffé de la piazza Beaubourg. Pauvres caricatures plus ratées que celles des dessinateurs qui croquent le touriste au fusain. Certains sont indiens, peut-être des petits-fils de rickshaw men. La coïncidence serait extraordinaire, mais sait-on jamais. Pas un flic, pas un uniforme aux alentours. Comme disait mon père, qui se rappelait qu'il était belge quand ça l'arrangeait : « La liberté, on la sent en France. »

Rapide fouille dans le sas d'entrée, rappelant qu'une menace plane, venant du sud, d'origine islamiste, aux contours flous, le monde toujours prêt à devenir fou. Le hall de Beaubourg se remplit d'un flot de visiteurs, yeux rivés sur la signalisation multicolore. Le compteur des entrées s'affole, entraîné vers de nouveaux records. La plupart viennent surtout pour le plaisir de se laisser glisser sur l'escalier mécanique, au chaud, à l'intérieur du tunnel de verre, et admirer la vue panoramique, du haut du sixième étage, plongeant sur les toits. Rares sont ceux qui vont s'extasier devant les installations d'art conceptuel du quatrième étage. Il ne faut pas se voiler la face. Les œuvres de la collection permanente, exposées à tour de rôle, représentent un minicentième de la plus grande collection d'art du monde. Chaque conservateur a laissé son empreinte. Ponthus Hulten séduit par les nouveaux réalistes, Ben, Arman, César, Tinguely. Dominique Bozo opérant un retour à la peinture, à la figuration narrative. Les différentes salles défilent, je laisse mon fils regarder, à son rythme, sans le presser. Je ne fais pas de commentaires, lui non plus. Il reconnaît une œuvre de Fabrice Hybert, pour en avoir plusieurs sous les yeux dans le salon, à la maison. Il est fier de sa petite culture. Le jardin d'hiver de Dubuffet, blanc et noir, l'intrigue. Il y pénètre, sur la pointe des pieds.

— D'hiver... La saison ?

Je me revois à son âge, avec mon propre père, au Grand Palais, en train de visiter l'expo 72, la fameuse expo d'art vivant sous l'égide du président Pompidou : certains artistes contestataires, d'extrême gauche, estimant avoir été manipulés, dans un geste idéaliste, viendraient décrocher leurs œuvres, en plein jour. Mon père râlait, les accumulations d'Arman m'avaient retourné : celle des peignes, celle des détritus, *Production bourgeoise*, surtout.

Je me laisse porter, les pieds joints sur l'une des marches de l'escalier roulant. Le sol se rapproche peu à peu, en point de mire, comme lors d'une procédure d'atterrissage. J'ai donc réussi à échapper à mon destin. À le prendre par la main en me prenant en main. Sans pour autant passer de l'héro au bouillon de poireaux-yoga, ce qui revient au même, le problème simplement retourné à l'envers, en négatif. D'un extrême à un autre, d'un pôle à un autre, même flip, même désert de glace. Le problème ne datait pas de moi, bien sûr. Des générations d'ancêtres étaient passées par là. Le challenge, c'est vivre avec soi-même, se supporter, ne pas être trop dépendant, que les autres ne soient pas trop influents. Dès que les petits enfants pleurent, on leur met un biberon dans le bec. La dope correspond au même syndrome. Pour les grands enfants, l'héro fait office de tétine. D'une efficacité effrayante, instantanée, elle joue le rôle d'un anesthésiant général, sur le plan physique comme sur le plan psychologique, elle arrondit les angles, les supprime même. Procure un état d'insouciance, de chaleur aussi douce qu'un cachemire triple fil. Paradis artificiels contre enfer de la réalité. Une sorte de fuite en avant. Cher payée. Pots cassés. Il y a bien d'autres recettes, chacun se débrouille, fait sa tambouille comme il peut : certains se tuent au travail, d'autres compensent en dévalisant les boutiques ou en bouffant comme quinze, d'autres s'enferment dans le silence, se réfugient à la campagne ou sur une île déserte, d'autres se bourrent de psychotropes, chacun son délire, son fond d'humanité.

J'ai été sauvé du crash par ma passion pour l'art, merci papa. Les porte-clés, les porte-avions, la musique baroque, la rock music, le ski nautique, le surf, la corrida, la pêche à la mouche, l'art dogon, l'harmonica... tous les moyens, tous les sujets sont bons, pour s'investir sans compter, trouver une raison de vivre. Autant de moteurs de secours qui peuvent prendre le relais, dépanner en cas de baisse de tension. Des groupes électrogènes. Des parachutes. Plus branché par l'art conceptuel ou minimal, pour son côté épuré, proche de la perfection, que par la peinture classique, j'apprécie cependant toutes les œuvres dénotant une forte personnalité, peu importe le courant auquel elles appartiennent, le médium utilisé. La solitude des artistes est incommensurable. Ils vivent dans une forme de violence intérieure, de radicalité, d'impossibilité de faire autre chose qui, parfois, les pousse par la fenêtre. C'est dans la souffrance qu'on se rapproche le plus d'une certaine forme de vérité. Bleue, rouge ou jaune. Et de soi-même.

En me retrouvant à l'air libre, sous les rafales de vent qui font claquer les câbles tendus le long de la façade, produisant le même grésillement métallique que les drisses le long du mât d'un bateau ancré dans un port, je me suis une nouvelle fois dit que j'étais un survivant. Ça vaut le coup de s'accrocher, la vie ménage d'heureuses surprises. Ça la prend de temps en temps de t'envoyer un vrai bouquet de fleurs parfumées, à domicile, pour changer des cadeaux empoisonnés.

Il y a trois ans, presque jour pour jour, j'ai rencontré France. Me sentant seul, j'avais demandé à une amie, dans un sourire : « Tu n'aurais pas une copine à me présenter ? » Une phrase bateau, toujours vouée au naufrage. Et pourtant, cette fois-ci, comme l'exception qui confirme la règle, dès les présentations, j'ai flashé. Avant de la connaître, je n'aurais jamais osé rêver qu'une personne aussi humaine puisse exister. Active, généreuse, d'humeur égale. Un pur bloc de qualités. Trois mois plus tard, on se mariait. Je lui ai fait part de cette envie qui me taraudait depuis des années, écrire un livre sur ma vie, avec ses hauts, ses bas, son château médiéval, son église du XIIe siècle, son camping municipal, son marché, la vie est un village... J'avais osé quelques tentatives, noirci quelques pages blanches, sans aller bien loin, laissant Alexandre se servir de mes brouillons pour construire des avions en papier.

— Fais-le. Commence.

— Comment ?

— Par le commencement.

J'ai commencé, et je suis allé jusqu'au bout.

Alexandre m'entraîne vers la fontaine de Jean Tinguely et Niki de Saint-Phalle, place Igor-Stravinsky. Les sculptures animées créent une réelle poésie visuelle et sonore. Une tête de mort tourne dans un grincement métallique, un éléphant multicolore lève sa trompe, une clé de *sol* virevolte, lançant des gouttes d'eau qui, en retombant, tracent des spirales dans l'air. Un cœur bat. Je jette un coup d'œil sur Alec. Il est en train de rire.

Table

Cet ouvrage a été imprimé par

FIRMIN DIDOT

GROUPE CPI

Mesnil-sur-l'Estrée

pour le compte des Éditions Robert Laffont
24, avenue Marceau, 75008 Paris
en février 2004

Composition réalisée par PCA
44400 Rezé

Imprimé en France
Dépôt légal : décembre 2003
N° d'édition : 44948/02 - N° d'impression : 67078